मैनेजमेंट मंत्र

Management Mantra

[एक कॉरपोरेट अनुभव]

मैनेजमेंट मंत्र

Management Mantra

[एक कॉरपोरेट अनुभव]

विजय जोशी

राजकमल प्रकाशन
नयी दिल्ली पटना इलाहाबाद

आभार :
श्री योगेश मंत्री
के प्रति जो इस विचार-यात्रा
में मेरे सतत सहयोगी रहे हैं।

राजकमल पेपरबैक्स में
पहला संस्करण : 2009

राजकमल पेपरबैक्स : उत्कृष्ट साहित्य के जनसुलभ संस्करण

राजकमल प्रकाशन प्रा. लि.
1-बी, नेताजी सुभाष मार्ग
नई दिल्ली-110 002
द्वारा प्रकाशित

शाखाएँ : अशोक राजपथ, साइंस कॉलेज के सामने, पटना-800 006
पहली मंजिल, दरबारी बिल्डिंग, महात्मा गांधी मार्ग, इलाहाबाद-211 001
वेबसाइट : www.rajkamalprakashan.com
ई-मेल : info@rajkamalprakashan.com

मुद्रक : बी.के. ऑफसेट
नवीन शाहदरा, दिल्ली-110 032
द्वारा मुद्रित

आवरण : राजकमल स्टूडियो
रेखा-चित्र : श्री संतोष जड़िया

मूल्य : रु. 95.00

MANAGEMENT MANTRA
by Vijay Joshi

ISBN : 978-81-267-1764-4

Ph. : 24352878
Fax. : 24359687
1, Nizamuddin East
New Delhi-110013

मार्क टुली

आनेवाले समय में भारत में विनिर्माण के क्षेत्र में प्रबंधन का रोल बहुत ही निर्णायक सिद्ध होगा और यही पूरे देश के कल्याण तथा समृद्धि की दिशा तय करेगा। वस्तुतः अधिकांश भारतीय कंपनियों द्वारा पिछले कई वर्षों से इस दिशा में पर्याप्त रूप से न तो कोई अध्ययन किया गया है और न ही अभ्यास।

बी.एच.ई.एल. ने एक सुप्रबंधित संस्थान के रूप में बहुत ख्याति अर्जित की है। इसलिए यह सर्वथा उचित ही है कि विजय जोशी, महाप्रबंधक, बी.एच.ई.एल. इस क्षेत्र में अपने दीर्घ अनुभवों को एक पुस्तक में समाहित करते। किताब में सहज तथा सरल प्रबंधन को जो महत्त्व दिया गया है वह मुझे विशेष रूप से अच्छा लगा।

प्रायः अनावश्यक व जटिल अवधारणाओं द्वारा प्रबंधन के सिद्धांतों को कठिन बना दिया जाता है। इससे प्रबंधकों को अपनी दक्षता तथा विवेक द्वारा उत्कृष्ट परिणाम प्राप्त कर सकने के बजाय असमंजस की स्थिति से रू-ब-रू होना पड़ता है। मुझे पूर्ण विश्वास है कि सफल प्रबंधन के जो समाधान इस पुस्तक में दिए गए हैं वे भारत में बुद्धिमत्तापूर्ण एवं बेहतर प्रबंधन की महती आवश्यकता को पूरा करने में सफल सिद्ध होंगे।

Mark Tully

26 अप्रैल, 2006

(मार्क टुली)

Ph. : 24352878
Fax. : 24359687
1, Nizamuddin East
New Delhi-110013

Mark Tully

Management is crucial to the future of Indian manufacturing and indeed the welfare and prosperity of the whole country. Yet it was not adequately studied or practiced for many years in most Indian companies.

BHEL has rightly gained a reputation for being a well-managed enterprise and so it is particularly appropriate that Vijay Joshi, General Manager of BHEL should have drawn on his long experience to write this book. I particularly like the emphasis he places on simple management.

All too often impenetrable jargon and unnecessarily complicated concepts cloud the principles of management, confusing managers rather than providing them with the simple skills and common sense they need to get the best out of those they Manage. I am sure Simple Solutions for Successful Management will be a very successful book filling a deep need for wiser management in India.

26 April, 2006 (Mark Tully)

पूजनीया गोलोकवासी दादी
बनारसी माय के प्रति

अनुक्रम

सभी सुख चाहते हैं

सभी स्वस्थ रहना चाहते हैं

सभी कार्य में सफल होना चाहते हैं

सभी समृद्ध और सम्पन्न बनना चाहते हैं

सभी प्रसिद्धि चाहते हैं

सभी तनावमुक्त होना चाहते हैं

तो!

कल जो चला गया, उसे भूल जाइए

कल जो आनेवाला है, उसकी चिन्ता मत कीजिए

जो वर्तमान है उसका सरलता, सहजता, दृढ़ता

और आत्मविश्वास के साथ सामना कीजिए।

एक बार भेष बदले हुए खलीफा हजरत उमर किसी झोंपड़ी के पास से गुजर रहे थे। उन्होंने देखा कि एक स्त्री फर्श पर बीमार पड़ी है, चूल्हे पर हांडी चढ़ी है। पास में बच्चे भूख से तड़प रहे हैं।

कर्त्तव्य से कामयाबी

(Success with Honest Duty)

कामयाबी केवल उसी के कदम चूमती है जो कर्त्तव्यशील हो, जिसका दिल बड़ा हो तथा जिसने साथियों को सीढ़ी की तरह इस्तेमाल न किया हो। क्यों न आप भी अपनी पहचान एक उदार, दिलदार इंसान के रूप में बनाएँ!

कर्म या कर्त्तव्य शब्द अपने आप में सम्पूर्ण है तथा सब कुछ बिना कहे ही कह देते हैं। लेकिन मानव-दिमाग की खूबी तो देखिए कि वह इसके मन माफिक अर्थ अपनी सुविधा के अनुसार निकाल लेता है। एक अच्छे-खासे ध्येय को स्वार्थ का साधन तक बना लेने में उसे कोई परहेज नहीं। यही इस दौर की त्रासदी या संकट है। पुराने समय में लोग अपने सीमित साधनों के बावजूद पूरी ईमानदारी तथा लगन से अपने कार्य में लगे रहते थे। लेकिन जैसे-जैसे सुविधाएँ बढ़ीं उस पर मोह व लालच हावी होता चला गया तथा उसने दूसरे के कर्त्तव्य पर अपनी कामयाबी का सफर जारी रखने तक से कोई परहेज नहीं किया।

ऊँची जगहों पर बैठे लोगों के मामले में तो यह बेहद सटीक है। प्रबन्धन में भी जमींदारी प्रथा ने घर कर लिया है। जैसे किसान की मेहनत की फसल जमींदार अपने खलिहान में भर लेता है, तकरीबन उसी तर्ज पर ऊपर बैठे लोग इस फन में माहिर होते हैं कि कैसे साथी कर्मचारियों की मेहनत का श्रेय वे अकेले बटोर ले जाएँ।

अपने सेवाकाल के दौरान मैंने अपने साथी महाप्रबन्धकों की बैठकों में यह तथ्य स्पष्ट रूप से देखा। करीब-करीब हर बैठक में आत्म प्रशंसा से मुग्ध अपने साथियों को जब मैंने सारे तमगे खुद ही लगाते देखा, तो

कई बार मन आत्मग्लानि से भर गया। खासतौर पर जब वे अपने साथियों के दुखों, कष्टों, पारिवारिक समस्याओं, बीमारियों इत्यादि से पूरी तरह अनजान रहा करते थे। उनका हर अवसर पर यह कहना कि 'यह मैंने ही किया था, यह मेरे बगैर हो ही नहीं सकता था' की प्रवृत्ति निन्दनीय भले ही न हो पर तारीफ के काबिल तो कतई नहीं थी। यह शब्द ही प्रबन्धन में सब रोगों की जड़ है। सन्त कबीर ने कहा ही है–

मैना जो मैं ना कहे, दूध भात नित खाए
बकरी जो मैं मैं करे, उल्टे खाल खींचाए

खलीफा हजरत उमर वेश बदलकर लोगों के बीच घूमा करते थे। देखते थे, किसी को कोई कष्ट तो नहीं है। एक बार वे किसी झोंपड़ी के पास से गुजर रहे थे। उन्होंने देखा, एक स्त्री फर्श पर बीमार पड़ी है। चूल्हे पर हांडी चढ़ी है। पास में दो बच्चे भूख से तड़प रहे हैं। उन्होंने नजदीक जाकर स्त्री से पूछा–तुम बच्चों को खाने को क्यों नहीं देतीं?

स्त्री ने उनकी ओर देखा और बोली–इन्हें खिलाने को मेरे पास है क्या?

इस हांडी में क्या पक रहा है?–हजरत ने पूछा।

मुझसे क्या पूछते हो, अपने-आप क्यों नहीं देख लेते?–स्त्री ने कहा।

हजरत उमर ने देखा, उसमें खाली पानी उबल रहा था। स्त्री ने बच्चों को बहलाने के लिए यह तदबीर की थी।

उमर ने कहा–तुम्हारे पास कुछ नहीं था तो तुम खलीफा के पास क्यों नहीं गईं?

स्त्री बोली–क्या खलीफा का यह फर्ज नहीं कि इसकी जानकारी रखें?

हजरत उमर ने सहमकर कहा–खलीफा के राज्य में इतने लोग हैं। वे आखिर हर किसी की देखभाल कैसे कर सकते हैं?

स्त्री के चेहरे पर तनाव आ गया, बोली–अगर खलीफा मेरे पति को लड़ाई में भेज सकते हैं तो क्या उन्हें उसके स्त्री-बच्चों के खाने-पीने का इन्तजाम नहीं करना चाहिए?

बात सही थी। उमर ने फौरन शाही भंडार से खाने का सामान मँगवाया, उनको खिलाया और आगे का सारा इन्तजाम भी कर दिया।

उपरोक्त उदाहरण अपने आप में स्पष्ट है। हमें साथियों के प्रति पूरी हमदर्दी तथा संवेदना के साथ काम करना चाहिए। भगवान कृष्ण ने तो खुद गीता में कहा है–**कर्मण्येवाधिकारस्ते मा फलेषु कदाचन** अर्थात्–'हे अर्जुन! तेरा केवल कर्म पर अधिकार है, फल पर नहीं।' फल तो ईश्वर पर छोड़ दीजिए। याद रखिए, माँगनेवाले से ज्यादा उसको मिलता है जो कभी माँगता नहीं–***बिन माँगे मोती मिले, माँगे मिले न भीख।***

ऊँची पायदान पर पहुँचकर नेतृत्व तो अपना सब कुछ पा लेता है–सुख, सुविधा, साधन, सम्पन्नता, कामयाबी। अब उसकी मनोवृत्ति दूसरों के लिए कुछ करने की या उनको देने की होनी चाहिए। ईश्वर हमारे कर्मों को सतत देख रहा है। कामयाबी केवल उसी के कदम चूमती है जो कर्त्तव्यशील हो, जिसका दिल बड़ा हो तथा जिसने साथियों को सीढ़ी की तरह इस्तेमाल न किया हो। क्यों न आप भी आज से अपनी पहचान एक उदार, दिलदार इंसान के रूप में बनाएँ न कि खुदगर्ज, मतलबी, हैवान के रूप में।

ऊँची पायदान पर पहुँचकर नेतृत्व तो अपना सब कुछ पा लेता है–सुख, सुविधा, साधन, सम्पन्नता, कामयाबी। अब उसकी मनोवृत्ति दूसरों के लिए कुछ करने की या उनको देने की होनी चाहिए। ईश्वर हमारे कर्मों को सतत देख रहा है। कामयाबी केवल उसी के कदम चूमती है जो कर्त्तव्यशील हो, जिसका दिल बड़ा हो तथा जिसने साथियों को सीढ़ी की तरह इस्तेमाल न किया हो।

बुढ़िया ने प्रेमपूर्वक भात पकाया और पत्तल पर थके-मांदे शिवाजी के सामने परोस दिया। शिवाजी बहुत भूखे थे, सो झटपट खाने की आतुरता में उँगलियाँ जला बैठे।

नीति करें निर्धारित
(Make a Strategy)

शिवाजी को अपनी रणनीति की विफलता का कारण विदित हो गया। उन्होंने बुढ़िया की सीख मानी और पहले छोटे-छोटे लक्ष्य बनाए और उन्हें पूरा करने की रीति-नीति अपनाई। छोटी सफलताओं को पाने से उनकी शक्ति बढ़ी और अन्ततः बड़ी विजय पाने में सफल हुए।

किसी भी बड़े काम को पूरा करने के लिए ज्ञान, जानकारी, अनुभव, संसाधन (Infrastructure) सुविधा–इन सबकी जरूरत होती है, लेकिन इन सबके सुलभ हो जाने भर से कार्य की सम्पूर्णता को सुनिश्चित नहीं किया जा सकता। ये प्राथमिक (Primary) आवश्यकताएँ हैं, पर इन सबसे ऊपर जो चाहिए वह है एक सुविचारित तथा सुसंगठित नीति। यही है अन्तिम (Final) आवश्यकता। नीति मूलतः किसी भी सामर्थ्यवान सेना के सेनापति का रोल निभाती है। सेना कितनी भी शक्तिशाली हो लेकिन जब तक उसे अपने नायक से उचित दिशा-निर्देश प्राप्त नहीं होता, वह मात्र भीड़ बनकर रह जाती है। उसके पास तमाम ताकत, अस्त्र-शस्त्र प्राप्त होने के बावजूद वह कुछ नहीं कर पाती।

इतिहास गवाह है कि सभी युद्धों में जीत के पीछे जो एक मात्र कारण रहा है, वह है सेनापति द्वारा अपनाई गई नीति। वह न केवल गहन सोच-विचार के साथ समयबद्ध योजना बनाकर उसे मूर्तरूप देता है, बल्कि अपने साथियों का उत्साह बढ़ाते हुए उनके मनोबल में अभिवृद्धि भी करता है। आधुनिक भाषा में कहें तो कार्य के दौरान साधन जहाँ हार्डवेयर (Hardware) है वहीं नींते सॉफ्टवेयर (Software)।

नीति एक ऐसा अस्त्र है जिससे कई निशाने एक साथ साधकर परिणाम सफलतापूर्वक प्राप्त किए जा सकते हैं।

प्राचीनकाल में भारत टुकड़ों में बँटा हुआ था तथा राजाओं में आपसी दुश्मनी तथा युद्ध के चलते प्रजा दीन-हीन अवस्था को प्राप्त थी। राजा जनता की गाढ़ी कमाई के बलबूते भोग-विलास में डूबे रहते थे। इतिहास में ऐसे ही एक राजा नन्द हुए हैं। तब भारत की दर्दनाक हालत देखकर चाणक्य न केवल बेहद दुखी हो गए बल्कि उन्होंने अपनी शिखा खोलकर प्रण किया कि जब तक नंदवंश का नाश नहीं कर देंगे, चैन से नहीं बैठेंगे। और तब उन्होंने एक बेहद साधारण परिवार के बेटे चन्द्रगुप्त को ढूँढ़कर ऐसी नीति को कार्यरूप में परिणित किया जो अन्त में न केवल नंदवंश के विनाश का कारण बना बल्कि चन्द्रगुप्त को चक्रवर्ती सम्राट के रूप में स्थापित भी किया। कालान्तर में चाणक्य की इसी सुविचारित नीति ने देश को एक सूत्र में बाँधकर भारतवर्ष का गौरव बढ़ाया।

आधुनिक भारत में इसका सबसे बड़ा उदाहरण हमारे पहले गृहमन्त्री सरदार पटेल हैं। अंग्रेज जाते समय सारी रियासतों को, जो लगभग 600 से भी अधिक थीं, स्वतन्त्र घोषित कर गए। सरकार के पास न तो पर्याप्त सेना थी और न पुलिस बल। ऐसे बड़े-बड़े कद्दावर राजाओं, नवाबों को एक छतरी के नीचे लाने का प्रण सरदार पटेल ने किया। एक दूरदर्शितापूर्ण नीति को निर्धारित करते हुए उस पर इस खूबी से अमल किया कि बड़े-बड़े साम्राज्य एक शुद्ध, सरल, सहज लेकिन दृढ़ गृहमन्त्री के सामने नतमस्तक हो गए तथा भारत के विलय के प्रस्तावों पर चुपचाप हस्ताक्षर कर दिए। इनमें जोधपुर के महाराज तथा हैदराबाद के निजाम भी शरीक थे, जो फितरती तो थे ही, साथ ही पाकिस्तान में मिल जाने के लिए तैयार बैठे थे।

शिवाजी उन दिनों मुगलों के विरुद्ध छापामार युद्ध लड़ रहे थे। वे एक रात थके-मांदे एक वनवासी बुढ़िया की झोंपड़ी में जा पहुंचे और कुछ खाने-पीने की याचना की। बुढ़िया के घर में चावल रखा था। उसने प्रेमपूर्वक भात पकाया और पत्तल पर उनके सामने परोस दिया।

शिवाजी बहुत भूखे थे, सो झटपट भात खाने की आतुरता में उँगलियाँ जला बैठे। मुँह से फूँककर जलन शान्त करनी पड़ी।

बुढ़िया ने उन्हें देखा और बोली–सिपाही, तेरी शक्ल शिवाजी जैसी लगती है और साथ ही यह भी लगता है कि तू उसी तरह का मूर्ख भी है।

शिवाजी स्तब्ध रह गए। उन्होंने बुढ़िया से पूछा–भला शिवाजी की मूर्खता तो बताओ। और साथ ही मेरी भी।

बुढ़िया ने कहा–तूने किनारे-किनारे थोड़ा-थोड़ा ठंडा भात खाने की अपेक्षा बीच के सारे भात में हाथ मारा और उँगलियाँ जला लीं। यही बेअक्ली शिवाजी करता है। वह दूर किनारों पर बसे छोटे-छोटे किलों को आसानी से जीतकर शक्ति बढ़ाने की अपेक्षा बड़े किलों पर धावा बोलता है और मात खाता है।

शिवाजी को अपनी रणनीति की विफलता का कारण विदित हो गया। उन्होंने बुढ़िया की सीख मानी और पहले छोटे-छोटे लक्ष्य बनाए और उन्हें पूरा करने की रीति-नीति अपनाई। छोटी सफलताओं को पाने से उनकी शक्ति बढ़ी और अन्ततः बड़ी विजय पाने में वे सफल हुए।

महाकवि भास ने अविमारक में एक योग्य सेनापति के बारे में कहा है कि **एक योग्य सेनानायक अपने युद्ध कौशल से ही राज्य को प्राप्त करता है। राज्य को न तो संसार में कहीं माँगा जाता है और न ही वह दीन याचकों को उपहारस्वरूप दिया जाता है।**

नीति निर्धारण तथा उसकी सतत सुधार की दिशा में जो एक प्रबन्धन सूत्र (Management Tool) सर्वाधिक उपयोगी है, वह है PDCA टूल जो इस प्रकार है–

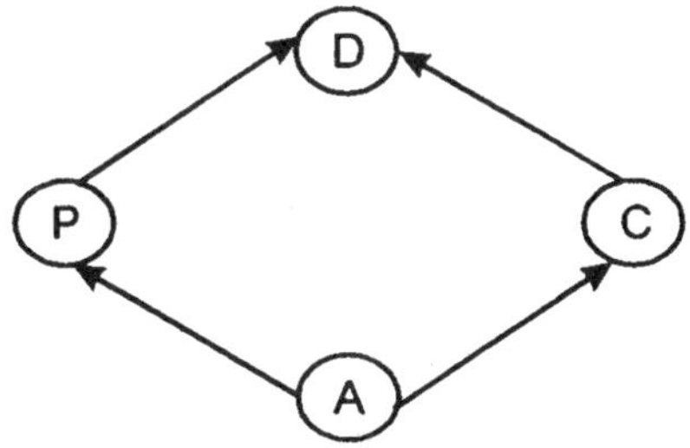

- P (Plan) यानी योजना – अर्थात् किसी कार्य की नीति/योजना बनाना।
- D (Do) यानी काम पूरा करना – अर्थात् कार्य को अमली जामा पहनाना।

- C (Check) यानी चेकिंग – अर्थात् कार्य की गुणवत्ता (Quality) को नापना।
- A (Analysis) यानी विश्लेषण – अर्थात् पूरी प्रक्रिया की अच्छाई/खामी को समझना तथा उसके पश्चात् फिर से योजना की नीति बनाना।

यह चक्र किसी भी कार्य के दौरान सतत चलता रहता है एवं हर एक चक्र की पूर्णता के बाद अगले चक्र में सुधार आता जाता है। यह दक्षता (Perfection) की दिशा में बढ़ाया गया सोचा, समझा व तर्कसंगत (Logical) कदम है। इस तरह बनाई गई नीति स्थिर (Static) न होकर लचीलापन (Dynamic) लिए होती है।

इसलिए याद रखिए, किसी भी काम की योजना बनाते समय जब आप उसकी आवश्यकताओं की सूची बनाते हैं तो उनको जुटाने के बाद आपकी सबसे पहली प्राथमिकता नीति-निर्धारण की होनी चाहिए। नीति भी ऐसी जो सुविचरित होने के साथ खुली हो तथा पर्याप्त लचीलापन लिए हुए हो। इसे ध्यान में रखते हुए अपनी सुविधाओं का लेखा-जोखा करने के बाद सबसे पहले कार्य पूरा करने हेतु उचित नीति का निर्धारण करें। यही है आधुनिक प्रबन्धन का समग्र चिन्तन।

नीति मूलतः किसी भी सामर्थ्यवान सेना के सेनापति का रोल अदा करती है। सेना चाहे कितनी भी शक्तिशाली हो लेकिन जब तक उसे अपने नायक से दिशानिर्देश प्राप्त नहीं होता तब तक वह केवल भीड़ बनकर ही रह जाती है। इतिहास गवाह है कि सभी युद्धों में विजय के पीछे एकमात्र कारण सेनापति द्वारा अपनाई गई नीति होती है।

हाथी सी बनाएँ हस्ती

(Live Life Like an Elephant)

यही जीवन का सार है यानी हम न तो प्रशंसा से फूलकर कुप्पे हो जाएँ और न निन्दा से निराश। एक बार अपना मार्ग ठीक से निर्धारित कर लें और फिर अपनी आत्मा की आवाज के अनुसार उस पर दृढ़ता से चलते रहें।

प्रथम दृष्टि में उपरोक्त शीर्षक कुछ अटपटा तथा गैर-पारंपरिक लग सकता है पर इसमें गूढ़ अर्थ निहित है। हिन्दू दर्शन में भगवान गणेश को, जिनका सिर हाथी का तथा शरीर मानव का है, प्रथम पूज्य माना गया है। इसमें जो भाव समाविष्ट है वह यह कि मनुष्य तथा पशु दोनों में ईश्वर का वास है, अतएव जीवन में हमें प्राणिमात्र के लिए दया, करुणा तथा समदृष्टि का भाव रखना चाहिए।

आइए, अब हाथी की हस्ती पर बात आरम्भ की जाए! हाथी एक अद्‌भुत प्राणी है। बेहद शान्तचित्त, स्थिर व गरिमामय होने के साथ ही साथ शुद्ध रूप से सात्त्विक और शाकाहारी, बिलकुल प्राचीन काल के ऋषि-मुनियों के गुणों से भरपूर। महावत के इशारे मात्र से अपने निर्धारित मार्ग का अनुसरण पूरी श्रद्धा एवं विश्वास के साथ करता है। महावत जो कि स्वयं भी अमूमन साधु ही होता है, अपने धर्म को उसी भाव से निभाता है। एक छोटा-सा अंकुश विशाल हाथी को संचालित कर देता है तो इसमें महिमा हाथी की ही अधिक है। आपने साधु तथा हाथी का अधिकतर साथ भी इसलिए देखा होगा, क्योंकि दोनों की प्रवृत्ति एक सी है।

हाथी एक अद्‌भुत प्राणी है। बेहद शान्तचित्त, स्थिर व गरिमामय होने के साथ ही शुद्ध रूप से सात्त्विक और शाकाहारी, बिलकुल प्राचीन काल के ऋषि-मुनियों के गुणों से भरपूर।

अब जरा गौर से देखें, हाथी के कान सूप के आकार के होते हैं, जबकि आँखें बहुत छोटी। इसका सीधा-सादा संदेश सिर्फ इतना है कि हाथी में सामनेवाले की बात सुनने की इच्छा तथा क्षमता आनुपातिक रूप से अधिक होती है, जबकि छोटी-छोटी आँखें सूक्ष्म दृष्टि की प्रतीक।

जीवन के हर क्षेत्र में चाहे वह व्यक्तिगत हो, सामाजिक हो या संस्था के सन्दर्भ में, यही दृष्टिकोण सर्वाधिक उपयोगी व फलदायी है। हम स्वयं में दूसरों की बात ध्यानपूर्वक तथा पूरे मनोयोग से सुनने की क्षमता तथा सामर्थ्य विकसित करें ताकि उसमें से तथ्य निकालकर अपनी कार्यविधि निश्चित कर सकें। इसी प्रकार आसपास घटित हो रही घटनाओं के प्रति हमारी दृष्टि सूक्ष्म हो। छोटी से छोटी उपयोगी बात हमारी दृष्टि से छुप न पाए तथा इसके दृष्टिगत होने पर उसका पूरा संज्ञान लेते हुए सुने तथा देखे गए की वास्तविकता के मद्देनजर निर्णय लें।

एक बात और। 'आप' हाथी की मानसिकता देखिए। जब वह किसी मार्ग पर अपनी राजसी, धीर, गम्भीर चाल से चलता है तो लोग उसे श्रद्धावत् प्रणाम करते हुए मार्ग प्रशस्त कर देते हैं। लेकिन इससे न तो वह इतराता है, न ही अपने व्यक्तित्व में दम्भ का संचार कर लेता है और न ही नमस्कार का प्रति-उत्तर ओछे लोगों की भाँति गर्वोन्मत्त होकर देने लगता है। वह अपनी मूल स्थिति को बरकरार रखकर शान्त चित्त से चलता रहता है।

लेकिन अब इसी का दूसरा पक्ष भी देखिए। उसके पीछे एक अन्य प्राणी अर्थात् गली-मुहल्ले के सारे श्वान भौंकते हुए पीछे लग जाते हैं। पर वे केवल भौंक पाते हैं। इसके आगे उनके बस का कुछ नहीं। इसलिए हाथी भी उनकी ओर कोई ध्यान नहीं देता तथा अपनी उसी चाल से चलता रहता है। 'एकला चलो' की उसकी तर्ज न तो प्रशंसा से अभिभूत होती है और न ही निन्दा से पराभूत।

यही जीवन का सार है यानी हम न तो प्रशंसा से फूलकर कुप्पे हो जाएँ और न निन्दा से निराश। एक बार अपना मार्ग ठीक से निर्धारित कर लें और फिर अपनी आत्मा की आवाज के अनुसार उस पर पूरी दृढ़ता से चलते रहें। याद रहे, जीवन में जब आप अपनी मेहनत, ईमानदारी तथा

परिश्रम से अपना स्थान औरों से अलग बना लेते हैं तो जहाँ एक ओर आपके आसपास प्रशंसा का एक प्रभामंडल उभर आता है वहीं दूसरी ओर उतनी ही संख्या में निन्दकों का निन्दा मंडल। विशेष बात यह है कि प्रशंसा का भाव तो शान्त तथा स्थिर रहता है, परन्तु निन्दकों का शोर वातावरण में जोर-जोर से सुनाई देने लगता है। लेकिन इससे भयाक्रान्त होने की आवश्यकता कतई नहीं। वे केवल ईर्ष्यावश ऐसा करते हैं, जिसे परपीड़क भाव (Sadism) भी कहा जाता है। जब आदमी स्वयं उच्चता प्राप्त नहीं कर पाता है तो दूसरों को नीचे गिराने की कोशिश करता है और एक बार भी आपने उनको तवज्जो दी तो आप अपने मार्ग से भटक जाएँगे। यही तो उनका उद्देश्य है।

ऐसों के लिए एक ही उपाय है। सबसे बड़ी मार उपेक्षा की होती है। आप भी उन्हें उसी मार से मारिए। वे आपसे आगे निकल जाने की क्षमता कतई नहीं रखते, केवल पीछे लगे रह सकते हैं। आप तो हाथी सी हस्ती अपनाइए। तब जीवन में जीत का सेहरा स्वयं आपके सिर होगा।

हाथी एक अद्भुत प्राणी है। बेहद शान्तचित्त, स्थिर व गरिमामय होने के साथ ही शुद्ध रूप से सात्त्विक और शाकाहारी, बिलकुल प्राचीन काल के ऋषि-मुनियों के गुणों से भरपूर। हाथी की मानसिकता देखिए, जब वह किसी मार्ग पर अपनी राजसी, धीर, गम्भीर चाल से चलता है तो लोग उसे श्रद्धा से प्रणाम करते हुए मार्ग दे देते हैं।

सहयोगियों की करें सुरक्षा
(Protect Your Colleagues)

जब तक आप साथियों के मन में उनकी सुरक्षा के प्रति स्वयं की जागरूकता का विश्वास नहीं जगा पाएँगे, वे खुद को सुरक्षित समझकर पूरे मन तथा लगन से कार्य करने की लौ अपने अन्तस में नहीं जाग्रत कर पाएँगे।

एक पुरानी कहावत है कि अकेला चना भाड़ नहीं फोड़ सकता। वास्तविक जीवन में यह बहुत प्रासंगिक है। अकेला व्यक्ति कुछ नहीं कर सकता जब तक उसे अपने सहयोगियों का सहयोग न मिले। सामूहिक भावना से काम करने का एक उत्तम उदाहरण सेना है। जिन मोर्चों पर वरिष्ठ अधिकारी सैनिकों के साथ कन्धे से कन्धा मिलाकर लड़ते हैं, उन मोर्चों पर सफलता स्वयं उनके कदम चूमती है। इसी कारण भारतीय सेना विश्वभर में प्रसिद्ध है। 1965 के पाकिस्तान युद्ध के बाद बांग्लादेश से लेकर कारगिल तक हर युद्ध में इसी प्रतिभा के बल पर विरोधी सेना को ऊपरी मोर्चे पर रहते हुए भी हमसे मात खानी पड़ी।

जब आप किसी भी सार्वजनिक क्षेत्र या संस्था में कार्य करते हैं तो यह बेहद आवश्यक है कि न केवल हर एक से उसकी क्षमता के अनुरूप कार्य लें बल्कि कठिनाई के क्षणों में उनके साथ खड़े हों तथा विपत्ति में फँस जाने पर उनकी रक्षा भी करें। केवल तभी आप नेतृत्व की सार्थकता को सिद्ध करते हुए समूह के साथ कार्य कर पाने में सफल होंगे।

नेतृत्व का बड़प्पन व उदारवादी पक्ष भी यही है कि वह अहम् तथा मैं ही सब कुछ हूँ का दर्प त्यागकर, कार्य के दौरान एक ऐसा पारिवारिक

महाप्रतापी एवं धर्मपरायण राजा शिबि ने एक तराजू मँगाया जिसके एक पलड़े पर कबूतर को बैठा दिया गया और दूसरे पलड़े पर शिबि ने अपनी जाँघ का मांस काटकर रख दिया।

वातावरण उत्पन्न करे, जिसमें हर एक सदस्य को पूरा विश्वास हो जाए कि उनका न केवल खयाल रखा जाएगा बल्कि वे स्वयं को नेतृत्व के कल्पवृक्ष की छाँह में सुरक्षित अनुभव भी करें। आश्वस्ति का यही भाव साथियों में न केवल आत्मविश्वास पैदा करता है बल्कि उमंग व उत्साह की एक ऐसी लहर मन में उपजाता है कि उन्हें आनन्दपूर्वक काम करने का सुअवसर प्राप्त है, जिसमें उन्हें अपने भगीरथ प्रयत्नों से कर्म की गंगा को फल के धरातल पर प्रवाहित करना है।

महाप्रतापी एवं धर्मपरायण राजा शिबि एक दिन यज्ञ कर रहे थे तभी एक डरा-सहमा कबूतर उनकी जाँघ पर आकर बैठ गया और उनसे बोला—राजन, मैं आपकी शरण में हूँ। मेरी रक्षा कीजिए।

शिबि बोले—घबराओ मत। मैं तुम्हें कुछ नहीं होने दूँगा। लेकिन तुम्हारे पीछे कौन पड़ा है?

तभी एक बाज शिबि के सामने आकर बैठ गया। वह बोला—महाराज, यह मेरा शिकार है। इसे मुझे सौंप दें।

राजा शिबि ने कहा—नहीं, इस कमजोर प्राणी की रक्षा करना मेरा धर्म है।

बाज—तो महाराज, मैं भी आपकी शरण में हूँ और बहुत भूखा हूँ। यदि मैं नहीं खाऊँगा तो मर जाऊँगा। मैं मरा तो मेरी पत्नी और बच्चे अनाथ हो जाएँगे। मैं आपसे रक्षा की गुहार लगाता हूँ।

तभी कबूतर बोला—राजन, भगवान के लिए आप मुझे इसे मत सौंपना।

शिबि ने उसे आश्वस्त किया और बाज से बोले—तुम्हें भूखा नहीं मरना पड़ेगा। इसकी जगह तुम भोजन के लिए जो जानवर चाहो, ले सकते हो।

बाज—मैं उन्हें लेकर क्या करूँगा? कबूतर ही मेरा भोजन है। इसलिए इसे मुझे दे दें।

शिबि—भले ही मेरा राजपाट चला जाए, लेकिन मैं इसे नहीं दूँगा।

राजा के दृढ़ निश्चय को देखकर बाज बोला—तो ठीक है। यदि आपको यह इतना प्रिय है, तो आप अपनी दाहिनी जाँघ से इसके वजन के बराबर मांस काटकर दे दें। मेरा काम हो जाएगा।

शिबि तुरन्त उसकी बात मान गए।

इसके बाद एक तराजू मँगाया गया जिसके एक पलड़े पर कबूतर को बैठा दिया गया और दूसरे पर शिबि ने अपनी जाँघ का मांस काटकर रख दिया। लेकिन तराजू जरा भी नहीं हिला। इसके बाद शिबि अपने शरीर के अलग-अलग हिस्सों से मांस काटकर तराजू पर चढ़ाते गए, लेकिन तब भी पलड़े हिलता न देख शिबि खुद तराजू पर चढ़ गए। उन्हें ऐसा करते देख बाज और कबूतर अपने असली रूप में आ गए। शिबि के सारे घाव भी गायब हो गए। वे दोनों दरअसल इन्द्र और अग्नि थे, जो उनकी कर्त्तव्यनिष्ठा की परीक्षा लेने आए थे और शिबि ने इसमें खरा उतरकर स्वर्ग में अपना स्थान बना लिया।

याद रहे, जब तक आप साथियों के मन में उनकी सुरक्षा के प्रति स्वयं जागरूकता का विश्वास नहीं जगा पाएँगे, वे खुद को सुरक्षित समझकर पूरे मन तथा लगन से कार्य करने की लौ अपने अन्तस में नहीं जाग्रत कर पाएँगे। आमतौर पर तो सब ठीक ही चलता है तथा कठिनाई भी कभी-कभार ही आती है और तब उस क्षण में अपनी सही और सटीक भूमिका निभाकर आपको अपनी सार्थकता सिद्ध करनी होती है। ऐसे अवसर पर चूक हो जाने पर आप समूह का विश्वास तो खो ही बैठते हैं अर्थात् फिर पश्चात्ताप की भावना से भी उन क्षणों की हानि की पूर्ति नहीं कर पाते।

किसी सार्वजनिक क्षेत्र या संस्था में कार्य करने के लिए यह आवश्यक है कि न केवल कार्य करने के लिए हर एक से उसकी क्षमता के अनुरूप कार्य लें बल्कि कठिनाई के समय उनके साथ खड़े हो जाएँ तथा विपत्ति में फँस जाने के बाद उनकी रक्षा भी करें।

भूल जाना अच्छी आदत

(Let Bygones by Bygones)

जीवन यात्रा से गुजरते हुए हमें स्मृति की मंजूषा से अप्रीतिकर को बाहर बुहारना होगा, तभी हम अपने प्रयोजन में सफल हो पाएँगे। हमें अतीत में जीने के बजाय भविष्य के प्रति आशावान रहते हुए वर्तमान का दोहन पूरी क्षमता से करना चाहिए।

भूल जाना एक ईश्वर प्रदत्त गुण है। यदि आदमी की प्रवृत्ति में भूल जाने की कला का समावेश न होता तो शायद स्मृतियों की गठरी ढोते-ढोते हमारा मस्तिष्क न केवल बोझिल हो जाता बल्कि उनके भार से एक दिन अपनी क्षमता भी खो बैठता। जीवन में हर पल कुछ न कुछ नया घटित होता है, भले ही वह प्रीतिकर हो या अप्रीतिकर। इसमें कई घटनाओं के प्रत्यक्षकर्ता हम स्वयं होते हैं, जबकि कई बार वह हमारे नियन्त्रण से परे होती हैं तथा हम पर बाहरी तत्त्वों द्वारा थोप दी जाती हैं। इन सबमें अच्छे, बुरे, मधुर व कटु अनुभव के साथ जीवन की नाव को कुशलतापूर्वक खेते हुए लक्ष्य की ओर बढ़ना ही मनुष्य जीवन की सार्थकता को सिद्ध करता है। पर जीवन में आगे बढ़ते समय स्वयं का मनोबल बनाए रखने की एक आवश्यक शर्त यह भी है कि हम भविष्यद्रष्टा का स्वरूप ग्रहण करें न कि अतीत की गुफाओं में डोलने में अपनी ऊर्जा तथा प्राणशक्ति का ह्रास करते रहें।

जीवन में सृजनात्मकता को बनाए रखते हुए कुछ प्रामाणिक कर पाने की पहली शर्त भी यही है कि हम अपने साथ घटित अप्रिय को भूल जाएँ तथा अच्छे की स्मृति सँजोए हुए जीवनयात्रा जारी रख सकने का माद्दा स्वयं में विकसित करें। केवल इसी स्थिति में आपके अन्तस में

जब भी कोई हमें चोट पहुँचाए तो रेत पर लिखना चाहिए ताकि हवा उसे उड़ाकर उसको क्षमा कर सके। लेकिन जब कोई हमारे लिए कुछ अच्छा करे तो उसे चट्टान पर उकेर देना चाहिए ताकि उसे कोई मिटा नहीं सके।

रचनात्मकता का प्रादुर्भाव होगा तथा विपरीत परिस्थितियों में भी आप अपने व्यक्तित्व की अक्षुण्णता को बनाए रख सकेंगे।

भूल जाने की प्रवृत्ति मानव को ईश्वर द्वारा प्रदान किया गया अनुपम वरदान है, जिसके लिए हमें उसका ऋणी होना चाहिए।

अपने जीवनकाल में मैंने अपवादस्वरूप ऐसे व्यक्तित्व भी देखे जिनकी स्मरणशक्ति शत-प्रतिशत अक्षुण्ण थी। वे न तो रात को ठीक से सो पाए और न जाग पाए। किसी व्यक्ति के समक्ष प्रस्तुत होते ही उनके सामने सारी पुरानी स्मृतियाँ मानस-पटल पर चलचित्र के समान उभरकर आती थीं तथा वे कार्य की उपयोगिता-अनुपयोगिता से परे हटकर उस व्यक्ति के प्रति पूर्वाग्रह से ग्रसित हो निर्णय करने पर विवश हो जाते थे।

एक बार की कहानी है कि दो दोस्त एक रेगिस्तान में यात्रा कर रहे थे। सफर के दौरान एक जगह आकर उनमें आपसी वाद-विवाद आरम्भ हुआ जो झगड़े में इतना अधिक परिवर्तित हो गया कि एक ने दूसरे के चेहरे पर चोट पहुँचा दी।

दूसरा दोस्त जिसे चोट लगी थी, उसने रेत पर लिखा—**आज मेरे सबसे अच्छे मित्र ने मुझे मारा तथा चेहरे पर चोट पहुँचाई।**

उनकी यात्रा आगे भी जारी रही, जब तक कि वे एक पानी के झरने तक न पहुँच गए। वहाँ आकर उन्होंने तय किया कि स्नान करते हुए खुद को तरोताजा अनुभव करेंगे।

दूसरा मित्र जिसे चोट पहुँची थी दलदल में फँसकर डूबने ही वाला था कि पहले मित्र ने उसे बचा लिया।

स्वस्थ होते ही दूसरे मित्र ने एक चट्टान पर लिखा—**आज मेरे सबसे अच्छे मित्र ने मेरा जीवन बचाया।**

पहले मित्र ने जिसने अपने सबसे अच्छे मित्र को चोट पहुँचाई थी तथा बाद में उसे बचाया भी, दूसरे से पूछा—जब मैंने चोट पहुँचाई तो तुमने रेत पर लिखा और अब चट्टान पर लिख रहे हो, क्यों?

दूसरे मित्र ने उत्तर दिया—**जब भी कोई हमें चोट पहुँचाए तो रेत पर लिखना चाहिए ताकि हवा उसे उड़ाकर उसको क्षमा कर सके। लेकिन जब कोई हमारे लिए कुछ अच्छा करे तो उसे चट्टान पर उकेर देना चाहिए ताकि उसे कोई मिटा न सके।**

अपने दुख, दर्द, अप्रिय घटनाएँ यादों की किताब पर रेगिस्तान की रेत के समान लिखें, जो हवा के साथ उड़ जाए तथा मधुर स्मृतियाँ चट्टान पर उकेरें, ताकि वे आपकी यादों में स्थायी स्मृति के समान बनी रहें।

याद रखें, जीवन-यात्रा से गुजरते हुए हमें स्मृति की मंजूषा से अप्रीतिकर को बाहर बुहारना होगा, तभी हम अपने प्रयोजन में सफल हो पाएँगे। हमें अतीत में जीने के बजाय भविष्य के प्रति आशावान रहते हुए वर्तमान का दोहन पूरी क्षमता से करना चाहिए। यही इस कथन का प्रयोजन है। शरीर के समान ही मन, मस्तिष्क भी विश्राम की चाहत रखते हैं। हम अप्रिय के बदले प्रिय की स्मृति को मन में सँजोएँ ताकि न केवल हमारा अन्तस प्रफुल्लित रहे बल्कि मानसिक बल भी बना रहे, जो जीवन के किसी भी कार्यक्षेत्र में सफलता की पहली शर्त है।

जीवन में सृजनशील रहते हुए कुछ प्रामाणिक कार्य कर पाने की पहली शर्त यही है कि हम अपने साथ घटित अप्रिय घटना को भूल जाएँ तथा अच्छे की स्मृति को सँजोए हुए अपनी जीवन यात्रा जारी रखने की ताकत अपने आपमें विकसित करें।

सहअस्तित्व से सफलता

(Success by Co-existence)

सामूहिक रूप से विचार द्वारा जो समझ विकसित होती है, वही है समूह में मिल-जुलकर कार्य कर सकने की असली शक्ति।

समूह में सामूहिक रूप से कार्य करते समय पहली प्राथमिकता है सहअस्तित्व का सिद्धान्त। गौतम बुद्ध ने हजारों वर्ष पहले कहा था– जियो और जीने दो (Live and Let Live)। इसका सीधा-सादा तथा सरल भाषा में अर्थ है कि खुद भी आनन्द से जियो और साथियों को भी सुखपूर्वक जीने दो। दरअसल बात केवल साथ कार्य करते हुए काम को परिणाम तक पहुँचाने भर की नहीं है, क्योंकि तब तो बात एकांगी हो जाएगी तथा कार्य-समापन के साथ ही सामूहिक भाव भी विसर्जित हो जाएगा। दरअसल जिस टीमवर्क की बात प्रबन्धन के क्षेत्र में जोर-शोर से की जाती है, उसकी भी एक सीमा है जो केवल उस समय की परिस्थिति तथा दायरे में कैद है। पर जब आप सहअस्तित्व की बात करते हैं तो वह उसी भाव का एक वृहद रूप है जिसकी परिकल्पना गौतम बुद्ध से लेकर गांधी जैसे हमारे पूर्वजों ने की। यह एक पूरा जीवन-दर्शन है, जिसमें कर्म तो है लेकिन फल की लिप्सा नहीं है, बल्कि यह कहा जाए कि फल दूसरों को मिले तथा आप उसका आनन्द प्राप्त करें। दूसरे के हित में स्वयं का हित देखने से बड़ा सुख और कुछ हो ही नहीं सकता।

जिस टीमवर्क की बात प्रबन्धन के क्षेत्र में जोर-शोर से की जाती है, उसकी भी एक सीमा है जो केवल उस समय की परिस्थिति तथा दायरे में कैद है। पर जब आप सहअस्तित्व की बात करते हैं तो वह उसी भाव का एक वृहद रूप है जिसकी परिकल्पना गौतम बुद्ध से लेकर गांधी जैसे हमारे पूर्वजों ने की।

सुप्रसिद्ध जैन मुनि आचार्य विद्यासागर के प्रति मेरे मन में गहरी श्रद्धा का भाव है। यदि तीर्थंकर परम्परा आज भी जारी रही होती तो संभवतया वे 25वें तीर्थंकर के पद की गरिमा को गौरवान्वित कर रहे होते। उनका एक दर्शन है। संसार को मूलतः दो किस्म के व्यक्तियों की श्रेणी में बाँटा जा सकता है : पहले लेनेवाले अर्थात् वह, जिनका हाथ सदा फैला हुआ रहता है। वे केवल स्वयं को ही सदा सब कुछ मिले, इसकी कामना करते रहते हैं। जबकि दूसरी श्रेणी के लोगों के हाथ की मुद्रा देनेवाले की होती है। उनकी चाहत प्राप्त करने के बजाय दूसरों को अपना श्रेष्ठ देने की होती है। वे दाता कहे जा सकते हैं। यही फर्क है दोनों में। लेनेवाला देनेवाला नहीं हो सकता तथा देनेवाला कभी लेनेवाले की श्रेणी में नहीं आता और उसकी यही सोच सहअस्तित्व के सिद्धान्त का सबसे पहला सोपान है। बड़े दिल में दुनिया निवास कर सकती है क्योंकि तब उसका भाव जीवात्मा से बढ़कर परमात्मा की ओर ऊर्ध्वगामी होता है।

मेरे एक अन्य मित्र कहा करते थे कि जीवन में सबसे बड़ी सोच है कि तुम मेरी तारीफ करो और मैं तुम्हारी। इससे कोई समस्या नहीं रहेगी और जीवन आनन्द से गुजरेगा। आमतौर पर हम इतने आत्ममुग्ध होते हैं कि खुद की प्रशंसा करते हुए परनिन्दा में आनन्द प्राप्त करने लगते हैं। और यहीं से सारी समस्याएँ तथा मतभेद उपजते हैं, जो कालान्तर में दुश्मनी का कारण बनते हैं। इसके विपरीत जब आप सामनेवाले की तारीफ करते हैं, तो वह भी अच्छाई निरखकर आपकी प्रशंसा आरम्भ करता है जो आगे चलकर आपसी सौहार्द, प्रेम व सहयोग में परिवर्तित हो जाती है।

भारतीय दर्शन में सहअस्तित्व का सिद्धान्त पुराने समय से प्रथा में है। आदिमानव जब गुफाओं से बाहर निकला और समझदार हुआ तो उसे सुरक्षा, सहयोग के परिप्रेक्ष्य में साथ रहने की आवश्यकता अनुभव हुई। फिर भले ही वह कबीले की शक्ल में हो या कम्यून के रूप में। गुरुकुल परम्परा भी इसी सहअस्तित्व के सिद्धान्त का जीता-जागता स्वरूप था जहाँ राजा से लेकर प्रजा तक के बच्चे साथ रहते हुए सारी

विद्याओं का अध्ययन किया करते थे। इस विधा को मूलतः 5 भागों में विभाजित किया जा सकता है :

- **आपस में मिलना (Meeting each other)**
- **साथ बैठना (Sitting together)**
- **सहचिन्तन (Thinking jointly)**
- **सहनिर्णय (Joint decision making)**
- **सहक्रियान्वयन (Joint implementation)**

आपस में मिलना (Meeting each other)

प्रथम चरण आपस में मिलना है, क्योंकि जब तक हम एक-दूसरे से मिलेंगे नहीं तब तक किसी भी प्रक्रिया का शुभारम्भ संभव नहीं होगा। मिलना एक-दूसरे के परिचय की पहली सीढ़ी है ताकि लोग एक-दूसरे की क्षमताओं, अभिरुचियों, आदतों को जान-पहचान लें। इसके अभाव में एक कदम भी आगे नहीं बढ़ा जा सकता।

साथ बैठना (Sitting together)

दूसरा सोपान साथ बैठना परिचय की औपचारिकता के पश्चात् आरम्भ होता है। साथ बैठने से ही आपसी समझ विकसित होती है। सहयोग एवं संगत की मानसिकता विकसित होती है तथा टीमवर्क की भावना को बल मिलता है। समूह के हर सदस्य को यह बात समझ में आने लगती है कि व्यक्तिगत रूप से वे कुछ नहीं लेकिन सामूहिक रूप से शक्तिपुंज होते हैं। यही भावना आगे चलकर लक्ष्यप्राप्ति में सहायक होती है।

सहचिन्तन (Thinking jointly)

एक विषय या समस्या को लेकर जब साथ बैठते हैं तो उनका व्यक्तिगत चिन्तन भी आरम्भ होता है। समस्या या Task के मद्देनजर

विचारों का आदान-प्रदान होता है। हर सदस्य अपनी बुद्धि-क्षमता के अनुसार हल की दिशा में विचार व्यक्त करता है। दूसरों की राय को स्वीकार करने लगता है और तब आरम्भ होती है यह चिन्तन की प्रक्रिया, जिसके तहत आदमी खुद की राय को श्रेष्ठ समझने का दम्भ छोड़कर समूह की सलाह के साथ गुण-दोष के आधार पर सहमत होने लगता है।

सहनिर्णय (Joint decision making)

एक बार जब सहचिन्तन की प्रक्रिया सम्पन्न हो जाती है तो फिर समूह द्वारा निर्णय लेने में कोई बाधा या अवरोध उत्पन्न नहीं होता। सामूहिक रूप से विचार द्वारा जो समझ विकसित होती है, वही है समूह में मिल-जुलकर कार्य कर सकने की असली शक्ति। यही समझ जीवन पर्यंत न केवल आपका साथ देती है बल्कि सहयोगियों के साथ काम के दौरान सुखद आनन्द का अनुभव भी प्रदान करती है।

सहक्रियान्वयन (Joint implementation)

लक्ष्यप्राप्ति की अन्तिम सीढ़ी है उसका क्रियान्वयन। कर्म इसी स्टेज पर फल में परिवर्तित होता है जो हमारा प्राप्य है। समूह का सारा अ़भ्यास अन्तिम परिणाम की प्राप्ति का अभिलाषी रहता है। जीवन में हर कार्य एक धीर, गम्भीर तथा समायोजित प्रयत्न माँगता है। उसे फास्ट फूड की तरह तुरन्त नहीं प्राप्त किया जा सकता। कहा भी गया है कि जल्दी का काम शैतान का होता है तथा दौड़ में अन्ततोगत्वा कछुआ ही जीतता है। बड़े कार्य को सफलता की अन्तिम सीढ़ी तक पहुँचाने के लिए यह नितान्त आवश्यक है कि उस पर गहन विचार-विमर्श, विभिन्न उपायों का लाभ-हानि के विश्लेषण के बाद सही मार्ग चुनकर मिल-जुलकर कार्यरत होकर प्राप्त किया जाए। इससे न तो असफलता की कोई गुंजाइश रहती है और न ही बीच मार्ग में भटक जाने की। यही है सहअस्तित्व द्वारा परिणाम-प्राप्ति का एक सुविचारित, सन्तुलित तरीका।

गुणता सर्किल (Quality circle)

वर्तमान औद्योगिक परिवेश में इस समय इस सोच का सबसे बड़ा उदाहरण तो गुणवत्ता सर्किल समूह का दिया जा सकता है। कार्य में प्रत्येक कर्मचारी की सहभागिता को सुनिश्चित करने का यह आन्दोलन वर्ष 1963 में जापान से वृहद स्तर पर आरम्भ हुआ तथा भारतवर्ष में 1982 में बी.एच.ई.एल. के माध्यम से आया।

इसके अन्तर्गत कर्मचारियों के 7 से 15 की संख्या के बीच एक समूह बनाया जाता है जिसमें एक नेता, एक उपनेता, एक मार्गदर्शक (Facilitator) तथा शेष सदस्य होते हैं। ये सप्ताह में एक बार निर्धारित समय पर बैठकर सारी जटिल समस्याओं पर गहन विमर्श करते हैं। समस्याओं का चुनौती व प्राथमिकता के आधार पर चुनाव करते हुए उन्हें मिल-जुलकर हल करते हैं। इस पूरी प्रक्रिया को 5 चरण में पूरा किया जाता है एवं समूह पूरी प्रक्रिया को कम्प्यूटर पर पावर पाइंट के माध्यम से समस्त कर्मचारियों को समझाते भी हैं।

- **समस्या का चयन** **(Identification of problem)**
- **समस्या का वर्गीकरण** **(Prioritisation of problem)**
- **कारण एवं प्रभाव** **(Cause and effect)**
- **विश्लेषण एवं हल** **(Analysis and solution)**
- **सिफारिश/अनुशंसाएँ** **(Recommendations)**

पूरे देश में इस समय उद्योग-क्षेत्र में यह एक जन-आन्दोलन (Mass Movement) का स्वरूप ग्रहण कर चुका है। इसका सबसे बड़ा उदाहरण तो चेन्नई स्थित मेसर्स सुंदरम क्लेटन का है जिसके 600 स्थायी तथा 200 अस्थायी कर्मचारी समेत इन सर्किलों में शत-प्रतिशत सहभागिता है तथा वे विदेशों तक में प्रस्तुति देने (Presentation) नियमित रूप से जाते हैं।

उपरोक्त दृष्टान्त से स्पष्ट है कि किसी भी प्रबन्धन शैली में सहअस्तित्व की उपादेयता सर्वप्रथम है। यही है प्रबन्धन की पाठशाला का पहला अध्याय, जो आपके जीवन की दिशा निर्धारित करता है तथा समूह में कार्य करते समय आपके कार्य को सहज, सरल तथा सुदृढ़ बनाता है।

जीवन में सबसे बड़ी सोच है कि तुम मेरी तारीफ करो और मैं तुम्हारी। इससे कोई समस्या नहीं रहेगी और जीवन आनन्द से गुजरेगा। आमतौर पर हम इतने आत्ममुग्ध होते हैं कि खुद की प्रशंसा करते हुए परनिन्दा में आनन्द प्राप्त करने लगते हैं। और यहीं से सारी समस्याएँ तथा मतभेद उपजते हैं, जो कालान्तर में दुश्मनी का कारण बनते हैं। इसके विपरीत जब आप सामनेवाले की तारीफ करते हैं, तो वह भी अच्छाई निरखकर आपकी प्रशंसा आरम्भ करता है जो आगे चलकर आपसी सौहार्द, प्रेम व सहयोग में परिवर्तित हो जाती है।

अवसर की तलाश अवसरवादी तथा कमजोर लोग करते हैं। जिन्हें अपनी शक्ति, सामर्थ्य व प्रतिभा पर विश्वास है, वे कठिन से कठिन अवसर को भी अपने अनुकूल बना लेते हैं।

हर अवसर सही अवसर
(Every Occassion is a Right Occassion)

आदमी का जीवन असीमित नहीं है। उसे ईश्वर द्वारा प्रदान की गई समय-सीमा में ही अपने होने के प्रयोजन को सिद्ध करना होता है तथा इसके लिए बगैर समय गँवाए हर क्षण, हर पल का उचित उपयोग ही एकमात्र साधन है।

अवसर की तलाश अवसरवादी तथा कमजोर लोग करते हैं। जिन्हें अपनी शक्ति, सामर्थ्य व प्रतिभा पर विश्वास है, वे कठिन से कठिन अवसर को भी अपने अनुकूल बना लेते हैं। कहा गया है—अमूमन वातावरण आदमी पर छा जाता है, पर आदमी वह नहीं जो वातावरण को खुद पर छाने दे बल्कि वह है जो वातावरण पर छा जाए। आपने मकड़ी के जाले देखे हैं। कमजोर जीव उनमें फँसकर अपने प्राण खो बैठते हैं, जबकि बड़े यानी सामर्थ्यवान तथा शक्तिशाली जीव उन्हें फाड़ देते हैं।

यही बात अवसर पर भी शत-प्रतिशत लागू होती है। उचित अवसर की प्रतीक्षा भी एक तरह का मकड़जाल है जिसकी गिरफ्त में यदि आप एक बार आ गए तो आपके पास गँवाने के अतिरिक्त कुछ नहीं बचेगा।

सभी ऐतिहासिक पुरुषों के जीवनचरित्र को उठाकर देखिए। उनमें से किसी ने भी उचित अवसर या शुभ मुहूर्त की बाट जोहने में समय बर्बाद नहीं किया। उन्हें अपनी बुद्धि व सामर्थ्य पर पूरा यकीन था, इसलिए पूरे आत्मविश्वास के साथ जो काम सोचा, उसे बिना समय गँवाए तुरन्त हाथ में लिया व अंजाम तक पहुँचाने में कोई विलम्ब नहीं किया चाहे वह नेपोलियन बोनापार्ट हो या सिकंदर महान।

राशि, ग्रह, नक्षत्र ही यदि आदमी का भाग्य तय कर सकते होते, तो फिर उसे कुछ करने की जरूरत ही कहाँ थी? सब कुछ अपने आप होता। फिर काहे का उद्यम और काहे की उन्नति! प्रगति का चक्र रुका रहता। यह तो आदमी के अन्दर की चिंगारी ही है जो उसके पुरुषत्व को जिन्दा रखते हुए उसे जीवन को सार्थक बनाए रखने का उद्देश्य देती है।

एक दिन एक राजा ने अपने सभी दरबारियों से पूछा—किसी काम के लिए अवसर का सही समय कैसे जाना जाए?

किसी ने कहा कि ग्रह-नक्षत्रों की गति जाननेवाले किसी ज्ञानी ज्योतिषी से पूछा जाए। किसी दूसरे ने कहा कि अनुभवी बुजुर्गों से पूछकर काम का समय निश्चित करना चाहिए।

लेकिन इन सब उत्तरों से राजा को किसी प्रकार की सन्तुष्टि नहीं हुई। तब राजा एक माली के पास गया और उससे वही प्रश्न पूछा।

माली कुछ नहीं बोला। वह अपनी झोंपड़ी के सामने क्यारियों में पौधे रोपता रहा। यह देखकर राजा चुपचाप लौट गया।

दूसरे दिन वर्षा होती रही। राजा वहाँ नहीं जा पाया।

तीसरे दिन वह माली के पास पहुँचा। अपना प्रश्न दुहराया।

माली बोला—आपके प्रश्न का उत्तर तो मैंने उसी दिन दे दिया था, लेकिन शायद आप समझ नहीं पाए।

तब राजा की समझ में आया—जो काम सामने है उसे तभी करना ही सबसे सही अवसर है। उसी में कार्यरत रहने से सब काम समय से पूरे होते हैं।

कुल मिलाकर बात का सार, सन्दर्भ और सारांश यही है कि आदमी का जीवन असीमित नहीं है। उसे ईश्वर द्वारा प्रदान की गई समय-सीमा में ही अपने होने के प्रयोजन को सिद्ध करना होता है तथा इसके लिए बगैर समय गँवाए हर पल, हर क्षण का उचित उपयोग ही एकमात्र साधन है। अवसर कोई प्रतिकूल नहीं सब अनुकूल हैं, यदि मन में इसके उपयोग की ठान ली हो।

एक बहुत पुरानी अंग्रेजी की कहावत है—

It is your Attitude and not Aptitude which decides your Altitude. अर्थात् आपकी रुचि (Aptitude) नहीं बल्कि रवैया (Attitude) आपके काम की ऊँचाई (Altitude) तय करता है। इसलिए जीवन के किसी भी क्षेत्र में तथा विशेषकर प्रबन्धन में तो यह बेहद आवश्यक है कि आप अपने Attitude को ठीक रखें। क्योंकि Aptitude अकेला कुछ नहीं कर सकता जब तक कि Attitude उसका साथ न दे। वह तो नदी की धारा मात्र है, और Attitude उसके प्रवाह को सही मार्ग की ओर परिवर्तित करता है अन्यथा इस धारा के बियाबान में भटक जाने की पूरी संभावना रहती है। अतएव आप भी सदैव उचित अवसर की प्रतीक्षा के फेरे में पड़े बगैर सही तथा सकारात्मक रवैये व रुचि के साथ काम करते हुए सफलता का परचम फहरा दें।

इतिहास में प्रसिद्ध पुरुषों के जीवन में हम पाते हैं कि उन्होंने शुभ मुहूर्त की बाट जोहने में समय बर्बाद नहीं किया तथा पूरे आत्मविश्वास के साथ जो काम सोचा, उसे अंजाम तक पहुँचाने में कोई विलम्ब नहीं किया!

पिता ने पुत्र को समझाया–बेटा, इसे प्रतिध्वनि कहते हैं। लेकिन वास्तव में वह जीवन है। तुम जैसा करते हो वही तुम्हें वापस मिलता है। जीवन तुम्हारे कार्यों का दर्पण है।

जो बोएँगे वो काटेंगे
(As You Sow, You will Reap)

तुम लोगों से अधिक प्यार चाहते हो, तो लोगों को अधिक प्यार दो। यदि तुम अधिक उदारता चाहते हो, तो अधिक उदार बनो। यदि तुम दूसरों से आदर चाहते हो, तो लोगों को आदर देना सीखो।

एक बहुत पुरानी कहावत है—जो बोओगे वो काटोगे या जैसी करनी वैसी भरनी अर्थात् हम जीवन में जैसा करते हैं, वैसा ही भरते हैं। पुराने जमाने से चली आ रही ये लोकोक्तियाँ एक समग्र जीवन दर्शन हैं। यह सिद्धान्त हर क्षेत्र में लागू होता है। जीवन के सफर में दरअसल हमारे कर्म ही हमारा दर्पण है। जब हम किसी के साथ अच्छा व्यवहार करते हैं तो वापसी में हमें भी अच्छा बर्ताव ही प्राप्त होता है। जबकि बुराई करने पर इसके विपरीत। साधारण जगत का यही समग्र सत्य है। सन्त पुरुष अवश्य इन सांसारिक दुविधाओं से ऊपर होते हैं पर आम आदमी पर तो यही सिद्धान्त लागू होता है।

इसके अलावा एक और बात। जब भलाई करने में कोई नुकसान नहीं है तथा बुरा करने में कोई लाभ नहीं तो फिर क्यों बुरा सोचने या करने का मार्ग अपनाया जाए, जबकि भला करके आप प्रतिदान में न केवल भलाई पाएँगे बल्कि इससे समाज में आपके मान-सम्मान में भी वृद्धि होगी तथा चाहे गए कार्य के पूरा होने की संभावना भी अधिक रहेगी।

बोए पेड़ बबूल के आम कहाँ से होत! जीवन में आम बोकर मीठा रस खुद पाकर दूसरों को भी देने की संभावना है तो फिर बबूल के काँटों में उलझकर क्यों खुद के शरीर को जख्मी किया जाए तथा दूसरों के भी? अच्छाई अच्छाई को बढ़ाती है तथा बुराई बुराई को।

पिता और पुत्र जंगल में घूम रहे थे। सहसा पुत्र को चोट लगी और दर्द से कराहते हुए उसके मुँह से आवाज निकली—आह...!

पहाड़ से भी आवाज आई—आह...!

यह आवाज सुनकर पुत्र को काफी आश्चर्य हुआ। आश्चर्य भाव से वह बोला—तुम कौन हो?

और उसे प्रतिउत्तर मिला—तुम कौन हो?

पुत्र को बहुत गुस्सा आया और वह जोर से चिल्लाया—तुम डरपोक हो।

और फिर उसे आवाज सुनाई दी—तुम डरपोक हो।

उसने अपने पिता की ओर देखा और पूछा—पिताजी, यह क्या हो रहा है?

पिता ने कहा—बेटे, ध्यान देना। और फिर जोर से आवाज लगाई—मैं तुमसे प्यार करता हूँ।

उधर से आवाज आई—मैं तुमसे प्यार करता हूँ।

पिता ने फिर आवाज दी—तुम बहुत अच्छे हो।

उधर से सुनाई दी—तुम बहुत अच्छे हो।

पुत्र आश्चर्यचकित हो गया। उसकी समझ में नहीं आया कि यह क्या हो रहा है।

पिता ने पुत्र को समझाया—बेटा, लोग इसे प्रतिध्वनि कहते हैं। लेकिन वास्तव में वह जीवन है। तुम जैसा करते हो, वही तुम्हें वापिस मिलता है। जीवन तुम्हारे कार्यों का दर्पण है। यदि तुम लोगों से अधिक प्यार चाहते हो, तो लोगों को अधिक प्यार दो। यदि तुम अधिक उदारता चाहते हो, तो अधिक उदार बनो। यदि तुम दूसरों से आदर चाहते हो, तो आदर देना सीखो। यदि तुम दूसरों से सहनशीलता की अपेक्षा रखते हो, तो दूसरों के प्रति सहनशील बनो। प्रकृति का यह नियम हमारे जीवन के प्रत्येक पहलू पर लागू होता है।

जीवन हमेशा आपको वही लौटाता है, जो आप जीवन को देते हैं। आपका जीवन कोई दैवयोग नहीं बल्कि आपके कर्मों का दर्पण है।

जीवन का असली दर्शन किसी पुस्तक, पोथी या ग्रन्थ में नहीं है। यह तो सीधे-सीधे जीवन की सच्चाई से प्रकट होता है। उसके लिए किसी

कॉलेज या विश्वविद्यालय जाने की जरूरत नहीं। प्रकृति ही सबसे बड़ी शिक्षक है। वह छोटे-छोटे प्रत्यक्ष उदाहरणों से हमें सबक देती है। उसका छोटा-सा इशारा भी समझकर यदि हम आचरण में उतार लें तो फिर जीवन के किसी भी क्षेत्र मे, चाहे वह सार्वजनिक हो या संस्थागत, हमारी सफलता निश्चित है।

आपको अपने कर्मों की प्रतिध्वनि आपकी सफलता या असफलता का असली पैमाना है। अतएव दूसरों के प्रति उदारता, आदर, सहनशीलता तथा अच्छाई को न केवल अपने जीवन का अनिवार्य अंग बनाएँ बल्कि अपने साथियों को भी अच्छाई के मार्ग पर चलने के लिए प्रेरित करते हुए एक आदर्श व्यक्ति बनने का प्रयत्न करें। यही है जीवन का दर्शन तथा सफलता का सूत्र–

चार शास्त्र छह उपनिषद
बात मिली है दोय
सुख दिने सुख होत है
दुख दिने दुख होय

आप अपने जीवन को जो देते हैं, वही आपको जीवन लौटा देता है। आपका जीवन आपके कर्मों का दर्पण होता है। जो आपको जीवन से मिलता है, वह किसी देवता द्वारा दिया नहीं होता।

पौराणिक सन्दर्भों में देखें तो सम्बन्धों का सबसे बड़ा उदाहरण भगवान विष्णु तथा उनके अनन्य सेवक शेषनाग का है। दोनों का एक-दूसरे के प्रति लगाव अद्भुत है।

संबंध हों सुदृढ़, सुविधा नहीं
(Relationship is a Commitment and not a Convenience)

समाज, संस्था इत्यादि में अपने सहयोगियों व मित्रों से सम्बन्ध जब सहज, सरल, सुदृढ़ व सिद्धान्त पर आधारित होंगे तभी हम जीवन में कार्य करते हुए भरपूर आत्मसन्तोष के साथ उपलब्धि के सुखसागर के प्रभाव का आनन्द ले सकेंगे।

जीवन में मानवीय ताने-बाने का आधार ही है सम्बन्ध। आपसी रिश्तों के प्रति ईमानदारी ही हमारे जीवन मूल्यों का निर्धारण करती है। सम्बन्ध निभाने की वचनबद्धता ही आदमी के आदमी होने का पैमाना है। समाज में जब आप अनेक लोगों के सम्पर्क में आते हैं तो पाएँगे कि अधिकांश व्यक्तित्व काम निकलवाकर फिर चेहरा न दिखाने की कला में पारंगत होते हैं।

एक पुरानी लोकोक्ति है कि काम निकालने के लिए लोग गधे को भी बाप बना लेते हैं और काम निकल जाने पर लात मार देते हैं। छोटे समयकाल के लिए यह नीति परिणामदायी हो सकती है पर लम्बी अवधि के लिए उतनी ही नुकसानदायी। जब तक आदमी अपने जीवन में मूल्य एवं सिद्धान्त को अंगीकार नहीं करेगा, उसकी न तो समाज में प्रतिष्ठा बनेगी और न ही सहयोगियों के मन में उसके प्रति आदर तथा सद्भावना।

एक और बात है। कुछ समय तक कुछ लोगों को बेवकूफ बनाया जा सकता है पर लम्बे अरसे तक यह सम्भव नहीं। काठ की हाँडी एक न एक दिन फूटती ही है तथा फिर आदमी कहीं का नहीं रहता। इसलिए

जीवन में कोशिश यह रहनी चाहिए कि सम्बन्धों को यथासम्भव पूरी ईमानदारी, पारदर्शिता तथा वचनबद्धता के साथ निभाने का भरसक प्रयत्न किया जाए। इससे न केवल आपकी प्रतिष्ठा में अभिवृद्धि होगी बल्कि आत्मसन्तोष का सुख भी मिलेगा।

ईश्वर ने हमें जीवन में सम्बन्ध चुनने की पूरी स्वतन्त्रता दी है, इसलिए हमारी जिम्मेदारी बनती है कि सम्बन्ध चुनने में पूरी सावधानी बरतें, और चुनने के बाद निभाने में भी पूरी ईमानदारी बरतें। यही बात संस्था के सन्दर्भ में भी लागू होती है हालाँकि वहाँ चुनाव की सुविधा नहीं है पर जो भी सहयोगी हमारे साथ कार्यरत हैं, उनका साथ भी हमारी ओर से सिद्धान्त पर आधारित ही होना चाहिए, न कि अवसरवाद पर आधारित।

इतिहास में मानवीय रिश्तों में ईमानदारी के अनेक उदाहरण हैं। अकबर-बीरबल को ही देखिए। बीरबल ने राजकार्य में अकबर को कभी भी अन्य दरबारियों की तरह ठकुरसुहाती राय न देते हुए सदैव सही सलाह दी तथा बादशाह ने भी अपने महामन्त्री की राय को पूरी तवज्जो दी। अकबर ने अपने नौ रत्नों को भी सदैव पूरा सम्मान देते हुए राजकाज चलाया। उन जैसे संवेदनशील राजा ने भारतीय जनमानस की नब्ज को भी ठीक से समझा तथा इस देश की गंगा जमुनी संस्कृति के सिद्धान्त को लेकर दीन-ए-इलाही धर्म की स्थापना की जो उनके बाद तो नहीं चला पर उनके रत्नों में बीरबल ने यह धर्म पूरी श्रद्धा से अपनाया। यह थी दोनों के बीच रिश्तों की अहमियत।

पौराणिक सन्दर्भों में देखें तो इसका सबसे बड़ा उदाहरण भगवान विष्णु तथा उनके अनन्य सेवक शेषनाग का है। दोनों का एक-दूसरे के प्रति लगाव अद्भुत है। हर युग में हर अवतार के समय शेषनाग विष्णु के साथ ही रहे उनकी रक्षा के प्रयोजन हेतु। त्रेता में वे लक्ष्मण बनकर आए। तब राम के साथ न केवल वन गमन किया बल्कि अग्र सक्रिय रहकर उनके समस्त कार्य भी सिद्ध किए। स्वामी के स्वाभिमान की रक्षा के लिए उन्होंने ऋषि परशुराम को भी नहीं बख्शा तथा उनसे भिड़ गए।

इसी प्रकार द्वापर में वे कृष्ण के बड़े भाई बलराम के रूप में धरती पर आए पर उनके किसी भी क्रिया-कलाप में प्रत्यक्ष रूप से सम्मिलित

नहीं हुए। वे तो केवल कृष्ण की रक्षा हेतु आए थे, अतएव उस कार्य को पूरे समर्पण तथा निष्ठा से सम्पन्न किया। उनकी सांसारिक मोहजाल से निर्लिप्तता तो केवल इसी तथ्य से स्थापित हो जाती है कि कुरुक्षेत्र में 18 दिन चले युद्ध के दौरान भी वे तटस्थ भाव से एक पहाड़ी पर बैठकर केवल इस बात पर निगाह रखे रहे कि भगवान श्रीकृष्ण को कोई हानि न पहुँचा सके। कृष्ण के धरती से विदा होते ही वे भी इस संसार से लौट गए। आप आज भी सोमनाथ जाएँगे तो पाएँगे कि कृष्ण की समाधि के निकट ही बलराम उर्फ शेषनाग का समुद्र प्रवेश मार्ग भी सुरक्षित है, जहाँ से वे वापस अपने धाम तक लौट गए थे।

इन पौराणिक कथाओं की ऐतिहासिक प्रामाणिकता के तथ्य में उलझे बगैर भी एक बात स्वयंसिद्ध है कि चाहे राम-लक्ष्मण हों, कृष्ण-बलराम हों या अकबर-बीरबल–इन सबने सम्बन्धों की प्रामाणिकता तथा सुदृढ़ होने का एक अनुकरणीय उदाहरण हमारे सामने प्रस्तुत किया। इससे प्रेरणा लेकर हम भी सैद्धान्तिक जीवन की नींव रख सकते हैं।

एक बात और–सम्बन्ध भी 3 प्रकार के होते हैं :

- **हमसफर**
- **हमसाया**
- **हमराज़**

– हमसफर वह, जो जीवन-यात्रा में आपका साथ तो देता है, पर वह कतई जरूरी नहीं कि वह आपके दुख-दर्द में भागीदार हो ही।

– हमसाया वे साथी, जो सुख में तो साथी होते हैं पर दुख का अँधेरा घिरते ही छाया के सदृश्य गायब हो जाते हैं।

– हमराज़ वे, जो हर पल मन से आपके साथ होते हैं तथा सुख में भले ही उपलब्ध न हों पर दुख में सच्चे साथी होते हैं। इसलिए कोशिश सम्बन्धों में हमराज़ होने की करनी चाहिए।

याद रखिए, समाज, संस्था इत्यादि में अपने सहयोगियों व मित्रों से सम्बन्ध जब सहज, सरल, सुदृढ़ व सिद्धान्त आधारित होंगे, केवल तभी

हम जीवन में कार्य करते हुए भरपूर आत्म-सन्तोष के साथ उपलब्धि के सुख सागर के प्रवाह का आनन्द ले सकेंगे। इसमें सुविधा अर्थात् अवसरवादिता समय के साथ सबके सामने न केवल हमारी कलई खोल देगी बल्कि ऐसी स्थिति में हम नितान्त अकेले हो जाएँगे तथा अपने गुनाह के भार तले दबकर अपने व्यक्तित्व की उदारता तथा गरिमा दोनों से वंचित भी हो जाएँगे।

आप सम्बन्ध चुनने में पूरी सावधानी बरतें और जब एक बार इसे चुन लें तो उसे पूरी ईमानदारी के साथ निभाएँ। यही बात संस्था के बारे में भी लागू होती है। जो भी सहयोगी हमारे साथ कार्य में लगे होते हैं, उनका साथ भी सम्बन्ध सिद्धान्त पर ही आधारित होना चाहिए।

रहें साथ कमजोर के

(Be with the Weakest)

आपके आसपास साथ रहनेवालों में जो थोड़े सीधे, सच्चे, अच्छे लेकिन थोड़े कमजोर हों, उनका साथ पूरे मन से दीजिए। उनका उत्साह बढ़ाइए। उन्हें साथ लेकर चलिए। फिर देखिए, कैसा चमत्कार होता है!

समाज में एक बात बड़ी विकट है और अनेक समस्याओं की जननी है। वह यह कि हममें से हर आदमी केवल बलवान, समर्थ का साथ चाहता है, कमजोर का कोई नहीं। इसके मूल में भाव सिर्फ इतना है कि जहाँ पहले के साथ जाने में हमारी भलाई होती है या खुलकर कहें तो स्वार्थ की पूर्ति होती है, वहीं दूसरे के साथ जाने में हमारा कोई मतलब सिद्ध नहीं होता, उल्टे हमें उसे कुछ देना होता है। इस तरह से समाज दो खेमों में बँट रहा है। समर्थ और अधिक समर्थ हो रहे हैं तथा कमजोर और अधिक कमजोर। समाज में बढ़ती यही खाई एक दिन उसके विध्वंस का कारण बनती है। लेकिन सोचिए, यदि सब एक से होते तो दुनिया कितनी बदरंग हो जाती! हमारे साथ चाहे वह घर हो, संस्था हो या समाज, हर किस्म के लोग पाए जाते हैं—कुछ बहुत प्रतिभावान तो कुछ बहुत कमजोर। लेकिन कमजोर को यदि सहारा मिले, कोई उत्साह बढ़ाने वाला मिले तो वे भी एक दिन कमाल कर देते हैं, लेकिन उसके लिए आवश्यक है कि आप उनका धैर्यपूर्वक साथ निभाएँ।

यदि किसी आदमी को ऊपर वाले ने जन्मजात रूप से थोड़ा कमजोर बनाया तो भला इसमें उसका क्या दोष! आप उसे इस बात का दंड मत

यदि किसी आदमी को ऊपर वाले ने जन्मजात रूप से थोड़ा कमजोर बनाया तो भला इसमें उसका क्या दोष! आप उसे इस बात का दंड मत दीजिए जो उसके बस में नहीं।

दीजिए जो उसके बस में नहीं। आप तो उसके इरादों की ईमानदारी को परखिए सच्चे पारखी के समान और यूँ रहिए सदा साथ पूरी ईमानदारी से।

दो पल को ही बैठ लें
किसी दुखी के पास
पूजा, कथा, नमाज से
यह ऊँची अरदास।

इस सन्दर्भ में महात्मा गांधी ने एक बहुत सुन्दर बात कही है कि यदि आपके जीवन में निर्णय लेते समय कोई दुविधा की स्थिति हो तो मत घबराइए। उस समय आँखें मूँदकर केवल इतना सोचिए कि इस समय मैं जो कर रहा हूँ, उससे समाज के अन्तिम आदमी का भला होगा या बुरा। तो उत्तर आपको अपने आप मिल जाएगा। इसी मन्त्र को गांधी का तावीज भी कहा जाता है।

वर्षों पहले पेरिस के ऑपेरा हाउस में घटित इस सत्य कहानी ने मुझे कई बार अन्दर तक छुआ है। तब एक मशहूर गायक के कार्यक्रम का आयोजन किया गया जिसके टिकट काफी समय पूर्व ही बिक गए। लोगों में प्रस्तुति को लेकर बेहद उत्सुकता थी तथा हॉल खचाखच भरा था।

उन्हीं पलों में कार्यक्रम आरम्भ होने के ठीक कुछ पल पहले आयोजक ने मंच पर आकर यह घोषणा की कि वह मशहूर गायक अचानक बीमार हो गए हैं अतः स्टेज पर नहीं आ पाएँगे, लेकिन उनके स्थान पर एक उतना ही प्रतिभाशाली नौजवान अब अपना संगीत प्रस्तुत करेंगे।

यह सुनते ही भीड़ बेचैन हो गई। नए कलाकार ने अपना संगीत शोर-शराबे के बीच पूरी मेहनत, लगन व ईमानदारी के साथ पेश किया। लेकिन अफसोस, कार्यक्रम की समाप्ति पर किसी ने भी ताली नहीं बजाई।

तभी भीड़ में से एक बच्चा अचानक खड़ा होकर बोला—अद्‍भुत! मैं मानता हूँ, आपका संगीत बेहद सुन्दर व मनभावन था, और दोनों हाथों से ताली बजाकर उसने नए कलाकार का अभिनन्दन किया। तभी एक चमत्कार हुआ तथा पूरा हॉल तालियों से गूँज उठा।

हम सबको जीवन में ऐसे ही लोगों की जरूरत है जो धारा के विरुद्ध खड़े होकर सीधे सच्चे लोगों का उत्साह बढ़ा सकें।

उपरोक्त दृष्टान्त से एक बात स्पष्ट है कि बच्चों का मन गंगा जैसा निर्मल होता है। वे खुले दिल, दिमाग से सज्जनों का साथ देते हैं। आप

भी अपने अन्दर के बालक की सच्चाई को पहचानें तथा सच्चाई व अच्छाई के साथ खड़े रहें।

इसलिए याद रखिए, आपके आसपास साथ रहने वालों में जो सीधे, सच्चे, अच्छे लेकिन थोड़े कमजोर हैं, उनका साथ पूरे मन से दीजिए। उनका उत्साह बढ़ाइए। उन्हें साथ लेकर चलिए। फिर देखिए, कैसा चमत्कार होता है! वे कितनी शिद्दत और ईमानदारी से आपके लिए अपने प्राण न्यौछावर करते हैं। ऐसे लोग कभी धोखा नहीं देते। वह तो अति चतुर तथा महत्त्वाकांक्षी ही दे सकता है। उन्हें तो ईश्वर की देन मानिए, जिसने आप पर भरोसा कर आपको अपने दूत के रूप में धरती पर भेजा है। इसे सेवा के एक अवसर के रूप में पहचानिए। इससे न केवल आपका आत्मबल बढ़ेगा, समाज में आपकी प्रतिष्ठा भी होगी। याद रहे, सेवा से बड़ा कोई सुख नहीं। इसलिए सेवा के इस सुख को हासिल करने के लिए आज ही से जुट जाइए।

मैं रहा उनके दिलों में
जिनके घर ना द्वार हैं
ऐसे अपनों के लिए
मैं आशियाँ हो जाऊँगा।

जिस आदमी को भगवान ने जन्म से ही थोड़ा कमजोर बनाया है तो इसमें उसका कोई दोष नहीं है। जो बात उसके बस में ही नहीं है, उसके लिए आप उसे दंड मत दीजिए। आप सच्चे पारखी की तरह उसके इरादों की ईमानदारी को परखें।

रखें मतभेद, नहीं मनभेद
(Hold Differences, not Differing Hearts)

प्रबन्धन के क्षेत्र में समय का स्थान सर्वोपरि है। जिसने समय के महत्त्व को नहीं पहचाना, वह कुछ नहीं कर पाया। समय की कद्र नहीं करने के कारण अनेक लोग जो बहुत कुछ करने का सामर्थ्य रखते थे, वे कुछ नहीं कर पाए।

आदमी का जीवन दो चीजों से संचालित होता है—मन और मस्तिष्क यानी दिल और दिमाग से। मस्तिष्क बुद्धि का केन्द्र है। उसी के प्रयोग से हम हर विषय पर चिन्तन करते हुए गुण-अवगुण के आधार पर अपने निष्कर्ष पर पहुँचते हैं। यही मत कहलाता है। किन्तु मत भी कई बार अलग-अलग होता है। इसमें कुछ भी नया या आश्चर्यजनक नहीं है। क्योंकि किसी भी विषय पर विचार करने के उपरान्त जिस मत पर भी आदमी पहुँचता है वह उसकी जानकारी, ज्ञान व विचारधारा पर आधारित होता है और यह कतई जरूरी नहीं कि वह सदा सही ही हो। इसलिए किसी भी विषय पर अलग-अलग लोगों की राय अलग-अलग होती है। यह मानव का एक स्वस्थ तथा सकारात्मक गुण है, क्योंकि किसी भी समूह में जब तक सब उपस्थित विषय पर अपने अभिमत तैयार नहीं करेंगे तब तक न तो आपस में विचार-विमर्श हो सकेगा और न ही सही निर्णय पर पहुँच सकने की सुविधा।

मत में विभिन्नता स्वस्थ प्रजातन्त्र का लक्षण है। इससे हमें अपने चिन्तन को समृद्ध बनाने में सहायता मिलती है। यह हमें विचारशील बनाता है, गुण-दोष के आधार पर विश्लेषण की शक्ति देता है। इससे हर एक को दूसरे का अभिमत जानने का लाभ तो होता ही है, साथ ही

मत में विभिन्नता स्वस्थ प्रजातन्त्र का लक्षण है। इससे हमें अपने चिन्तन को समृद्ध बनाने में सहायता मिलती है। यह हमें विचारशील बनाता है, गुण-दोष के आधार पर विश्लेषण की शक्ति देता है।

उसकी जानकारी तथा ज्ञान का फलक यानी आसमान भी विस्तृत होता है जो आगे चलकर आपस में सद्भाव, सहयोग तथा प्रेम में परिवर्तित होता है। इसके अभाव में तो वह अपने विचारों के कुएँ में कैद मेढक के समान होकर रह जाएगा। बाहरी दुनिया से अनभिज्ञ तथा कटा हुआ। इससे न केवल उसका विकास रुकेगा बल्कि हर कदम पर असफलता से सामना भी होगा।

लेकिन इसमें एक खतरा भी है और वह है आदमी का अहम्। आदमी आमतौर पर अपनी सोची बात को सही समझते हुए न केवल उस पर डटा रहता है बल्कि बातचीत या विचार-विमर्श के दौरान अपना मत दूसरे पर थोपने की उसकी प्रवृत्ति और मुखर होकर उभरने लगती है। यहीं से एक-दूसरे के प्रति कलह, ईर्ष्या व शत्रुता का भाव उभरने लगता है। यह कतई उचित नहीं है। दरअसल दूसरे के मत को समझते हुए उसका आदर करना बड़े दिल की पहली निशानी है। इससे सामने वाले के मन में आपके प्रति आदर पैदा होता है तथा वह भी आपके मत का सम्मान करने लगता है और जो बात आप उसे समझाना चाहते हैं, उसे तुरन्त समझ लेता है। किन्तु इसके अभाव में अन्दर की ईर्ष्या की आग मन में दरार पैदा करने लगती है जो एक स्थायी शत्रुता में बदलने लगती है। मन का यह भेद आदमी को एकांगी व अहंकारी तो बनाता ही है, साथ ही समाज या समूह से काट देता है। उसका व्यक्तित्व एक कुंठित (Frustrated) व्यक्ति के रूप में बदलने लगता है तथा फिर जीवन में असफलता उसकी स्थायी मित्र हो जाती है।

कौरव तथा पांडव भाई-भाई होते हुए भी विचारधारा के स्तर पर भिन्न थे। कौरव जहाँ दम्भी, घमंडी एवं कुतर्क के लिए प्रसिद्ध थे, वहीं पांडव शान्त, शालीन और धर्म के अनुरूप आचरण करने के लिए जाने जाते थे। भीष्म, विदुर जैसे महात्माओं के समझाने के बावजूद कौरव जान-बूझकर नहीं सुधरे, अतएव उनके बीच वैमनस्य की दीवार कभी न ढह सकी।

एक बार अहंकार के वशीभूत कौरव युद्ध में एक राजा से परास्त हो बन्दी बना लिए गए। यह समाचार पांडवों तक भी पहुँचा। महाराज युधिष्ठिर ने भाइयों से अपने बंधु कौरवों की रक्षा हेतु युद्ध की तैयारी का

आदेश दिया। भीम तथा अर्जुन को यह बात कतई गवारा न हुई कि जो कौरव उनसे शत्रुता का भाव रखते थे व सदैव नीचा दिखाने का प्रयत्न किया करते थे, उनकी रक्षा के लिए युद्ध किया जाए; बल्कि उन्होंने तो एक कदम आगे बढ़कर अपने बड़े भाई को यह सिद्धान्त समझाने का यत्न किया कि शत्रु का शत्रु तो मित्र होता है, अतः हमें कौरव विरोधी राजा से मित्रता कर लेनी चाहिए।

किन्तु धर्मराज युधिष्ठिर इससे सहमत नहीं हुए, उन्होंने अपने भाइयों को समझाया कि कौरव भल ही हमसे मत भिन्नता रखते हों, हमें पसन्द न करते हों पर आखिरकार हैं तो हमारे भाई। इसलिए इस मत भिन्नता के बावजूद हमारे मन में शत्रुता का भाव नहीं आना चाहिए तथा उनकी रक्षा हेतु राजा से युद्ध करके अपने भाइयों को छुड़ाना ही होगा।

बाद की बात बहुत साधारण है। पांडवों ने पराक्रमपूर्वक राजा से युद्ध किया तथा उसे परास्त कर कौरवों को मुक्त करा लिया। बचपन में पढ़ी यह कहानी आज भी मुझे बहुत मनोबल प्रदान करती है तथा उसकी दो पंक्तियाँ आज तक याद हैं :

जहाँ तक है आपस की आँच
तहाँ तक वे सौ और हम पाँच
करे यदि कभी दूसरा जाँच
तो गिने हमें एक सौ पाँच

वस्तुतः मन का मूल तो प्रेम, दया, भावना, करुणा है। यह हमें मशीनी होने से रोकता है और आपस में स्नेह की कच्ची लेकिन सशक्त डोर से बाँधे रखता है। मनुष्य के सुखी व सफल जीवन का सारा आधार ही है मन का कोमल पक्ष। यह मनुष्य को मनुष्य से जोड़ता है। यह हमें आपस में एक-दूसरे के प्रति उदार होना सिखाता है। लेकिन इस पर अपने गर्व का मुलम्मा चढ़ाकर हम ईश्वर को दिये सबसे बड़े गुण को बिसरा देते हैं। माया, मोह, लोभ, छल, कपट के जाल में उलझकर मन में ईर्ष्या व द्वेष के बीज बो देते हैं और जब वे बीज पल्लवित हो जाते हैं तो हमारी सारी मानसिकता विकृत हो जाती है। हम अच्छाई में भी बुराई को देखने लग जाते हैं। हम यह समझने लग जाते हैं कि जो दूसरे की सोच है, वह

उचित नहीं, जबकि केवल हमारे मन के विचार सत्य, शुद्ध तथा शाश्वत हैं। यह न तो सत्य है और न शाश्वत। मत के भेद को मन का भेद समझकर हम अपने जीवन में बाधाएँ एवं गतिरोध उत्पन्न कर लेते हैं।

अस्तु, हमें मतभेद व मनभेद के मूल अन्तर को समझना चाहिए। मतभेद को मनभेद की अवस्था तक न पहुँचने देकर सामने वाले के मत के प्रति सम्मान का सहज भाव ही हमें सफलता के मार्ग पर ले जाएगा। हमें अपने जीवन में मतभेदों का सहज स्वीकार करते हुए मतभेद को कभी मनभेद नहीं बनने देना चाहिए।

सहृदयता की पहली निशानी दूसरों के मत को समझते हुए उसका आदर करना है। इससे सामने वाले के मन में भी आपके प्रति आदर का भाव पैदा होता है तथा वह भी आपके मत का सम्मान करने लगता है। ऐसी स्थिति में आप उसे जो बात समझाना चाहते हैं, वह उसे तुरन्त समझ लेता है।

जो जड़ें तुलनात्मक दृष्टि से काफी मोटी होती हैं, वे जमीन की गहराई में रहती हैं तथा पेड़ को स्थायित्व प्रदान करती हैं। पेड़ उसी के बल पर खड़ा रहता है।

मूलाधार को करें मजबूत
(Strengthen your Basics)

जीवन भले ही व्यक्तिगत हो, पारिवारिक हो, सामाजिक हो या संस्थागत, उससे केवल यही अपेक्षा की जाती है कि अपने उत्तरदायित्व को पूरे लगन से निभाते हुए वांछित परिणाम प्रदान करें।

हर आदमी एक-दूसरे से अपने गुण-धर्म के आधार पर अलग होता है। हर एक की अपनी विशिष्ट योग्यताएँ होती हैं। यह कतई जरूरी नहीं कि हर व्यक्ति हर चीज का ज्ञाता हो तथा हर विषय में पारंगत ही हो। उसकी विशेषताएँ ही उसकी शक्ति (Strength) कहलाती है जो उसे सफलता के मार्ग पर ले जाती हैं। उसके विशिष्ट गुण ही न केवल जीवनपर्यंत उसकी सहायता करते हैं, बल्कि समाज में स्थापित भी करते हैं। जीवन भले ही व्यक्तिगत हो, पारिवारिक हो, सामाजिक हो या संस्थागत, उससे केवल यही अपेक्षा की जाती है कि अपने उत्तरदायित्व को पूरे लगन से निभाते हुए वांछित परिणाम प्रदान करे। उसकी कमियों से किसी को कोई लेना-देना नहीं। वे उसकी व्यक्तिगत हैं। जो विशेषताएँ हैं, उसका फायदा अपने हित में सभी उठाना चाहते हैं।

चूँकि समाज में अपनी उपयोगिता, कुशलता व परिणाम प्राप्ति इत्यादि के लिए आपको अपनी विशेषताओं पर ही निर्भर रहना होगा, इसलिए कमियों (Weakness) को नेपथ्य में रखते हुए, उनकी परवाह किए बगैर आपको अपनी मूल शक्ति (Basic Strength) को मजबूत करने की दिशा में प्रयत्न करना चाहिए। इससे आपकी प्रतिभा न केवल और निखरेगी बल्कि आपके आत्मविश्वास में भी अभिवृद्धि होगी, जो जीवनपर्यंत आपका साथ देगी।

प्रकृति हमारी सबसे बड़ी शिक्षक है। वह न केवल हमारे हित में संलग्न रहती है बल्कि पल-पल हमें भलाई की सीख देती है। एक छोटे से उदाहरण के माध्यम से इस दर्शन को समझा जा सकता है। आपने गाँव में अनेक बड़े-बड़े पेड़ देखे होंगे–एकदम हरे-भरे तथा फलों से लदे हुए। इनके नीचे न केवल बच्चे खेलते हैं–बल्कि पथिक विश्राम भी करते हैं। पेड़ों की इसी परमार्थ भावना के कारण वे आदिकाल से पूजे जाते रहे हैं। अथर्ववेद में तो पाँच पेड़ लगाने का पुण्य एक पुत्र-जन्म के सदृश्य माना गया है।

कभी कभार आपने स्वयं देखा होगा कि ऊपर से स्वस्थ व हरियाली से लदा कोई पेड़ एक दिन अचानक धराशायी हो जाता है। अधिकांश लोग समझते हैं कि वह अपने फलों का बोझ न सह पाने के कारण गिरा है। पर वस्तुतः ऐसा है नहीं। जब आप कारण की गहराई में उतरेंगे तो आपको खुद सारा माजरा समझ में आ जाएगा। पेड़ में मूलतः दो किस्म की जड़ें होती हैं :

–ऊपरी जड़ें (Branch Roots)

–मूलाधार (Main Root)

ऊपरी जड़ें जमीन की ऊपरी सतह पर केवल थोड़ी ही नीचे होती हैं तथा चारों ओर फैली रहती हैं, जहाँ से वे खाना इकट्ठा कर पेड़ को देती हैं। वृक्ष अपने दाना-पानी के लिए इन पर ही निर्भर रहता है तथा उसकी हरीतिमा इन्हीं के प्रयत्नों का परिणाम है। ये कई बार सतह के ऊपर भी दिखाई पड़ती हैं। इनकी संग्रहण क्षमता इनके फैलाव पर निर्भर करती है।

दूसरी जड़ें जो तुलनात्मक रूप से मोटी होती हैं, वे जमीन की गहराई में रहती हैं तथा पेड़ को स्थायित्व (Stability) प्रदान करती हैं। पेड़ इसी के बल पर खड़ा रहता है तथा आँधी, गर्मी, बरसात सब मौसम की मार झेलकर भी खुद के दम पर बना रहता है। ये जड़ें दिखतीं नहीं पर सबसे महत्त्वपूर्ण होती हैं।

पर कई बार जब इनमें दीमक लग जाती है तो इन जड़ों को अन्दर ही अन्दर खोखला कर देती है। ऐसी स्थिति में पेड़ ऊपर से हरा-भरा ही दिखता है पर अन्दर से मृतप्राय होने लगता है तथा एक दिन अपने भार से धराशायी हो जाता है।

यही बात हमारे अपने जीवन में भी लागू होती है। हमारे सारे क्रिया-कलापों, सफलता व जीत के पीछे का आधार होती हैं हमारी विशेषताएँ। इन्हीं के बल पर हम जीवन यात्रा में सफलताएँ अर्जित करते हैं। अतएव इन्हें सहेजते हुए अभिवृद्धि का प्रयत्न हमारी सबसे पहली प्राथमिकता है। यह हमारे जीवन का आधार है। इसलिए हमारी कोशिश सदा यही रहनी चाहिए कि अपने मूलाधार को मजबूत करें अर्थात् जिन मूल शक्तियों की विरासत के साथ हम पैदा हुए हैं तथा जिन्होंने हमारे जीवन वृक्ष को सँभाल रखा है, उनका पूरा सम्मान करते हुए उन्हें और विकसित करें। तभी और केवल तभी हम अपने लक्ष्य में सफल हो पाएँगे। कमियों से भयाक्रान्त होने की कतई जरूरत नहीं। उन्हें काबू में रखते हुए अपनी मूल क्षमताओं को विकसित कीजिए तथा उनकी सहायता से अपने जीवन को न केवल सँवारिए बल्कि उसे सशक्त तथा सुदृढ़ बनाइए।

मेरे हाथों की लकीरों के इज़ाफे हैं गवाह
मैंने पत्थर की तरह खुद को तराशा है बहुत।

हमारी निजी विशेषताएँ हमारे सारे क्रिया-कलाप, सफलताओं और जीत के पीछे का आधार होती हैं। इन्हीं के बल पर हम जीवन-यात्रा में सफलताएँ प्राप्त करते हैं। अतः हमारी प्राथमिकता यह है कि इन्हें सहेजते हुए हम उसमें अभिवृद्धि करने का प्रयत्न करें।

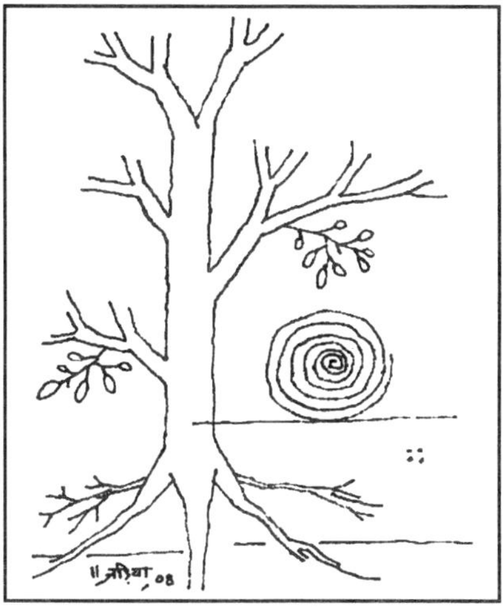

युवक से संत ने कहा—अच्छा, तो यह बात है! तुम्हारी बात न तो सच है, न अच्छी है और न ही मेरे किसी काम की है, तो तुम वह बात मुझे बता ही क्यों रहे हो?

चाटुकारों से रहें सावधान
(Beware of Sychophants)

आप अपने जीवन में चाटुकारिता से अभिभूत हुए बगैर ईश्वरप्रदत्त अपनी बुद्धि, ज्ञान, विवेक का सदुपयोग करते हुए उचित निर्णय लीजिए।

चाटुकार शब्द ही अपने आपमें सम्पूर्ण है तथा बिना कहे ही सब कुछ कह देता है। कोई भी व्यक्ति लगन से कार्य करते हुए जब सफलता की सीढ़ियाँ चढ़ता हुआ शीर्ष पर पहुँचता है तो दो किस्म के लोग उसके साथी होते हैं। पहले वे, जो इस सफर में सच्चे मन से कंधे से कंधा मिलाते हुए पूरी ईमानदारी, लगन व मेहनत से साथ निभाते हैं। वे आपके साथ-साथ खुद भी सफलता की मंजिलें चढ़ते हैं। इन्हें आप हमसफर, हमदर्द या शुभेच्छु जैसे नाम की उपमा से नवाज सकते हैं।

दूसरे वे, जो आपकी प्रगति से जलते हैं, मन में ईर्ष्या रखते हैं, हर कदम पर आपके मार्ग में अवरोध उत्पन्न करते हैं तथा आपको नीचा दिखाने का कोई अवसर हाथ से जाने नहीं देते। ये आपके स्व-घोषित दुश्मन होते हैं और इस मायने में सच्चे होते हैं कि आपको किसी गफलत में नहीं रखते। ये आपको अपने लक्ष्य तय करने, उस पर चलने की समयानुकूल नीति बनाने में आनेवाले अवरोधों की पूरी बानगी समय पूर्व ही दे देते हैं ताकि आप इनके भरोसे पर न रहकर अपने कार्य को अंजाम दे सकें।

एक और भी किस्म हैं, जो इन दोनों से अलग तथा बेहद खतरनाक है और वह है ऐसे लोगों की जो ऊपर से तो आपके हितचिन्तक, चाहने वाले व दिली दोस्त दिखाई देने का भ्रम उत्पन्न करते हैं पर अन्दर से बेहद शातिर, चतुर तथा मौका-परस्त होते हैं। किसी भी आदमी से किसी भी

परिस्थिति में फायदा उठाने की महारत की पी-एच.डी. इनके पास बगैर किसी विश्वविद्यालय में जाए ही होती है। ये केवल मतलब के साथी होते हैं जो कुर्सी से साँपों के मानिन्द लिपटे रहकर आपके पैर सहलाते रहते हैं और उसके हटते ही या काम निकलते ही ऐसे गायब हो जाते हैं जैसे गधे के सिर से सींग। फिर आप इन्हें ढूँढ़ते ही रह जाएँगे। पहले तो मिलेंगे ही नहीं और खुदा न खास्ता मिल भी गए तो आपको पहचानेंगे नहीं।

आपने देखा होगा, दिल्ली के दरबार में सरकार कोई सी भी हो, चमचे या दलाल वही रहते हैं। ये केवल ड्राइंग रूम तक सीमित नहीं बल्कि बेड रूम तक फैल जाते हैं। निजी जीवन तक में इनका दखल होता है और बेचारा कार्यकर्ता जिसने तन, मन, धन से अपने नेता की सेवा की है, वह देहरी के बाहर ही खड़ा रह जाता है—संतरी से प्रवेश की परमिशन के लिए गिड़गिड़ाता हुआ।

इस प्रजाति के शख्सों को आप चाटुकार, चापलूस, चुगलखोर, मौकापरस्त जो भी चाहे कह सकते हैं। ये सब उपाधियों पर भारी पड़ते हैं तथा आपके केवल विनाश ही नहीं, सर्वनाश का कारण बनते हैं।

लेकिन प्रबन्धन के क्षेत्र में सफलता के मार्ग में जो सबसे बड़ी खाई है वह है नेतृत्व के ऐसे लोगों के प्रति धृतराष्ट्री व्यक्तित्व। पद, प्रतिष्ठा या कुर्सी का नशा कई बार आदमी के विवेक पर पर्दा डाल देता है एवं वह अपने कुरुवंशी चाटुकारों के प्रेम में अंधा होकर उचित-अनुचित से परे वही कदम उठाने लगता है जिसकी सलाह उसे दी जाती है और वह अन्ततः उन्नति के बजाय अवनति के ऐसे गड्ढे में गिर जाता है जहाँ से उठ पाना सम्भव नहीं होता।

एक व्यक्ति बड़े जोश में एक संत के पास पहुँचा और कहा—मैंने आपके एक शिष्य के बारे में अभी-अभी एक बात सुनी है। पता नहीं, आपको मालूम है कि नहीं?

संत ने उसे थोड़ा ठहरने के लिए कहा और वे बोले—इससे पहले कि तुम मेरे शिष्य के बारे में कुछ कहो, तुम्हें एक परीक्षण से गुजरना पड़ेगा। इस परीक्षण को ट्रिपल फिल्टर टेस्ट कहते हैं।

ट्रिपल फिल्टर?

हाँ, ट्रिपल फिल्टर। तुम जो भी बताने जा रहे हो, हम पहले उसकी जाँच-परख कर लेना चाहते हैं कि वह कहने-सुनने के लायक है भी या नहीं। इस क्रम में पहला फिल्टर सत्य है। क्या तुम इस बात को लेकर पूर्णतः आश्वस्त हो कि जो कुछ भी मुझसे कहने जा रहे हो, वह बिल्कुल सत्य है?

व्यक्ति ने कहा–नहीं, दरअसल आपके शिष्य के बारे में यह बात मैंने केवल सुनी भर है और...।

संत ने कहा–इसका मतलब यह हुआ कि तुम्हें अपनी बात की सत्यता के बारे में कुछ भी पता नहीं है।

फिर ऐसा करते हैं कि दूसरे फिल्टर का उपयोग करते हैं। इस फिल्टर का नाम है अच्छाई। तुम मेरे शिष्य के बारे जो कुछ बताना चाहते हो, उसमें कुछ अच्छी बात है?

–नहीं, ऐसा बिलकुल नहीं है, बल्कि उसका उल्टा है।

–इसका मतलब यह हुआ कि तुम उसके बारे में कोई खराब बात बताने जा रहे हो। इसके बावजूद कि तुम्हें उस बात की सच्चाई का पता नहीं है।

व्यक्ति थोड़ा घबराया और बेचैनी-सी महसूस करने लगा।

संत ने आगे बात जारी रखी–अभी भी आपके टेस्ट में पास होने की गुंजाइश है, क्योंकि तीसरा फिल्टर भी मौजूद है। इसे कहते हैं उपयोगिता। अच्छा, यह बताओ कि मेरे शिष्य के बारे में तुम जो भी बताओगे, वह मेरे किसी काम का है कि नहीं?

बिलकुल नहीं।

इस पर संत ने कहा–अच्छा, तो यह बात है! तुम्हारी बात न तो सच है, न तो अच्छी है और न ही मेरे किसी काम की है, तो फिर तुम वह बात मुझे बता ही क्यों रहे हो?

व्यक्ति को संत की इस बात से बड़ा धक्का लगा और उसे काफी शर्मिन्दगी महसूस हुई।

फंडा यह है कि जब कोई भी व्यक्ति आपका कीमती वक्त जाया कर रहा हो तो उसकी बात सुनने से पहले उससे उपरोक्त तीन बातें जरूर पूछें।

इस सदी के सबसे बड़े सुलझे नेता तथा विचारक महात्मा गांधी ने कभी भी चापलूसी, चुगलखोरी या चाटुकारिता को प्रश्रय नहीं दिया। जब

भी किसी की चुगली या शिकायत लेकर कोई उनके पास आया तो उससे गांधीजी ने एक ही बात कही कि–**जब आप किसी दूसरे की ओर उँगली उठाते हैं तो तीन उँगलियाँ खुद आपकी ओर उठी होती हैं।** इसलिए शिकायत से पहले आत्मनिरीक्षण करिए। फिर किसी और के पास जाने की जरूरत ही नहीं रहेगी।

अस्तु, आप अपने जीवन में चाटुकारिता से अभिभूत हुए बगैर ईश्वर प्रदत्त अपनी बुद्धि, ज्ञान, विवेक का सदुपयोग करते हुए उचित निर्णय लीजिए। ये मरुस्थल की मृगतृष्णा जैसे प्रलोभन हैं, जिनके फेर में पड़ते ही आप भटककर अपनी ऊर्जा व्यर्थ कर लेंगे। मंजिल तो दूर की बात है, आप अपने व्यक्तित्व का मूल स्वरूप खोकर चाटुकारों के हाथों की कठपुतली भर बनकर रह जाएँगे–एक ऐसी कठपुतली जिसका अपना न तो कोई अस्तित्व और न ही व्यक्तित्व तथा जिसकी डोर भी खींचने वाले की उँगलियों में होती है। इसी सन्दर्भ में कही गई एक कहावत–**नादान दोस्त से समझदार दुश्मन भला**–को जीवन में अंगीकार कर लीजिए। तब आप बगैर चापलूसी व मोह के अच्छाई व सच्चाई का दामन थामे अपने खुद के परिश्रम, विवेक व लगन के साथ लक्ष्य को प्राप्ति की अलभ्य सुख पाते हुए आनन्द से भर जाएँगे।

बीसवीं सदी के सबसे बड़े नेता तथा विचारक महात्मा गांधी ने कभी भी चापलूसी, चुगलखोरी या चाटुकारिता को महत्त्व या प्रश्रय नहीं दिया। जब भी कोई किसी की चुगली या शिकायत लेकर उनके पास आया तो गांधी जी ने उसे एक ही बात कही–जब आप किसी दूसरे की ओर उँगली उठाते हैं तो तीन उँगलियाँ आपकी ओर उठी होती हैं।

जोश रखें, पर होश न खोएँ

(Be Excited, but Keep your Cool)

व्यक्तिगत जीवन में भी यही होता है। अत्यधिक जोश में आदमी होश गँवा देता है, तब उसका ज्ञान, विवेक सब शून्य हो जाता है एवं वह स्वयं का अहित कर लेता है।

जीवन को जीवन्त बनाए रखने के लिए उसमें उत्साह व जोश जरूरी है। उत्साह, उमंग के बिना जिया गया जीवन नीरस, शुष्क तथा ऊबाऊ होता है। कार्य के दौरान जोश ही आपकी ऊर्जा को लक्ष्य की राह में मोड़ते हुए सफलता के द्वार तक ले जाता है।

दरअसल काम करने के केवल दो ही विकल्प जीवन में उपलब्ध हैं– पहला मन से तथा दूसरा बेमन से। जब आप काम में मन लगाते हैं, तो स्थिति बड़ी आनन्ददायक होती है। पर यहाँ भी याद रखिए कि यह कतई जरूरी नहीं कि काम हर बार आपकी रुचि या मनमर्जी का ही हो। कार्य उसकी आवश्यकता के आधार पर तय होता है, न कि आपकी रुचि के अनुसार। पर एक बार काम के प्रति मन की मानसिकता सकारात्मक बन जाए तो वह बोझ नहीं लगता और फिर जोश के साथ जुड़ जाने पर कठिन से कठिन कार्य भी सरल तथा सम्भव लगने लगता है। अतएव कार्य के दौरान जोश कायम रहना अनिवार्य भले ही न हो, पर आवश्यक तो है ही।

उसी प्रकार बेमन से किया कार्य न केवल नीरस होता है बल्कि आसान को भी कठिन बना देता है। याद रखिए, जीवन के कुरुक्षेत्र में

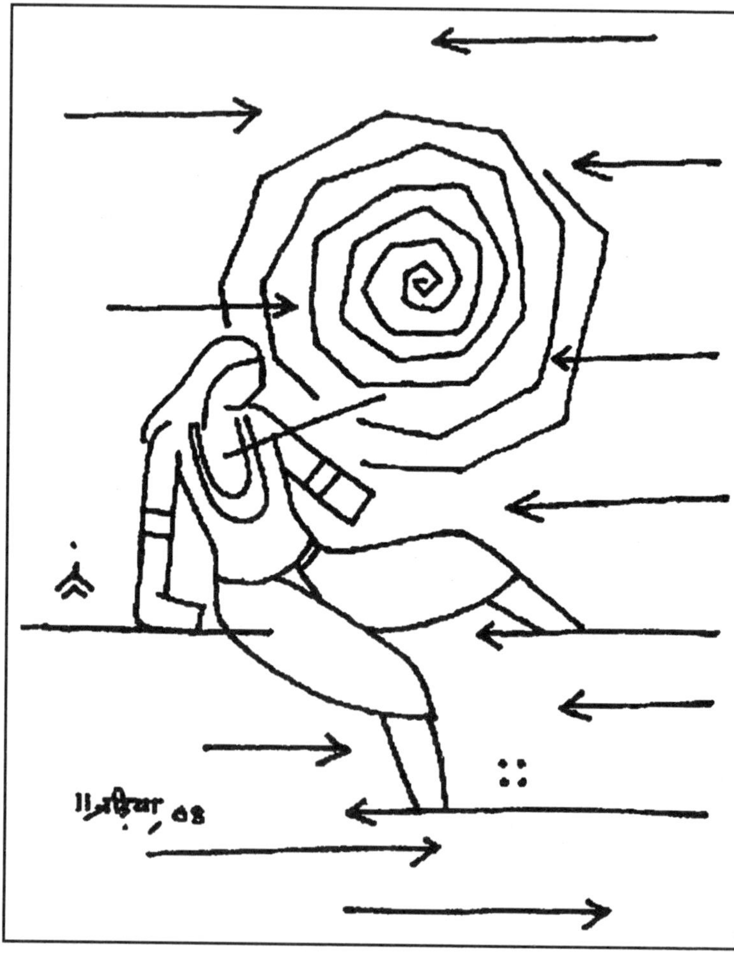

जोश के साथ सावधानी भी जरूरी है और वह यह कि अत्यधिक जोश में आदमी अपने होश खो बैठता है। इसमें सबसे बड़ा उदाहरण तो भीड़ की मानसिकता का है।

अपने-अपने कर्म से किसी की मुक्ति नहीं। अतः उसे पूरी उदारता के साथ स्वीकार करते हुए पूरे मन तथा जोश के साथ हर एक को उसमें जुटना चाहिए, न कि उसे बोझ समझते हुए अपना मनोबल गिरा लें।

लेकिन इस जोश के साथ एक सावधानी भी जरूरी है और वह यह कि अत्यधिक जोश में आदमी अपने होश खो बैठता है। इसमें सबसे बड़ा उदाहरण तो भीड़ की मानसिकता का है। आपने देखा होगा, कई बार जोशीली भीड़ अति उत्साह में सारे अनुशासन की लक्ष्मण रेखा को लाँघते हुए अचानक उग्र होकर विध्वंस पर उतर आती है। व्यक्तिगत जीवन में भी यही होता है। अत्यधिक जोश में आदमी होश गँवा देता है। तब उसका ज्ञान, विवेक सब शून्य हो जाता है एवं वह स्वयं का अहित कर लेता है। यह स्थिति बड़ी विनाशकारी है तथा इससे हर हालत में बचना जरूरी है। कहा भी गया है—सीमा से अधिक जोश वाले या तो लकड़ी के ऊपर होते हैं या जमीन के नीचे। यह स्थिति भयावह तथा हर हालत में टाली जानी चाहिए। विवेकरहित कोई भी कार्य कभी सफल नहीं हो सकता। जोश के साथ धैर्य व विवेक भी उतने ही जरूरी हैं तथा विवेकपूर्ण जोश ही सफलता का सर्वोत्तम उपाय है।

महाभारत काल की एक घटना है। कुरुक्षेत्र में कौरवों तथा पांडवों के बीच घनघोर युद्ध जारी था। कौरव निरन्तर हार रहे थे। उनके अनेक योद्धा मृत्युदेव की शरण में चले गए थे। सेनापति महाराज भीष्म भी अर्जुन के हाथों मारे गए थे तथा युद्ध की कमान गुरु द्रोणाचार्य ने सँभाल ली थी, पर वे भी कृष्ण के कौशल के सामने कुछ नहीं कर पा रहे थे।

युद्ध के तेरहवें दिन कौरवों ने गुरु द्रोणाचार्य को खूब खरी खोटी सुनाई तथा युद्ध में पांडवों के प्रति नरम होने का आरोप लगाया। द्रोण विचलित हो गए तथा यह प्रण किया कि अगले दिन किसी न किसी पांडव का वध अवश्य करेंगे। कौरव शिविर में हर्ष की लहर दौड़ गई तथा पांडव शिविर में उदासी। क्या द्रोणाचार्य वाकई अपने प्रिय शिष्य

अर्जुन का वध कर देंगे? द्रोण की आँखों में प्रतिशोध का भाव देखकर श्रीकृष्ण अर्जुन के रथ को दूसरी दिशा में ले गए। अर्जुन को अनुपस्थित मान द्रोण ने मकड़ी के आकार की व्यूह रचना की जिसमें वह जीव को फँसाकर उसकी हत्या कर देता है। जयद्रथ, कर्ण, दुर्योधन, दुशासन, शकुनि इस चक्रव्यूह में स्थान साधकर बैठ गए।

पांडव शिविर में चिन्ता व्याप्त हो गई। कोई भी चक्रव्यूह भेदने का मार्ग नहीं जानता था। तभी अर्जुन पुत्र अभिमन्यु प्रकट हुए तथा स्वयं को चक्रव्यूह भेदन हेतु प्रस्तुत किया। पांडव शिविर में उदासी के बादल छँट गए एवं खुशी व्याप्त हो गई।

असल बात यूँ थी कि सुभद्रा पुत्र अभिमन्यु जब गर्भ में थे तब अर्जुन रोज उसकी माँ को युद्ध-नीति समझाया करते थे, जिन्हें अभिमन्यु गर्भ में सुना करते थे। एक दिन वे उन्हें चक्रव्यूह के सिद्धान्त समझा रहे थे। प्रवेश का सुनते-सुनते सुभद्रा को नींद आ गई। अतएव अभिमन्यु प्रवेश का उपाय तो जान गए पर वापस निकलने का नहीं।

अभिमन्यु का प्रस्ताव सुन भीम सहित अन्य भाइयों ने वचन दिया कि वे अभिमन्यु के साथ ही व्यूह में प्रवेश कर जाएँगे। लेकिन वास्तविकता में यूँ हुआ कि वीर अभिमन्यु के प्रवेश करते ही कौरव पक्ष ने बाहरी घेराबन्दी मजबूत कर दी तथा किसी को अन्दर प्रवेश नहीं करने दिया।

आगे की बात बहुत सरल है। जो होना था, वही हुआ। सारे कौरवों ने अभिमन्यु को निहत्था कर निर्दयतापूर्वक मार डाला तथा पांडव पक्ष का एक युवा वीर युद्ध की भेंट चढ़ गया।

संक्षेप में अभिमन्यु ने अपने आधे-अधूरे ज्ञान के जोश में होश खोकर प्राण गँवा दिए।

उपरोक्त दृष्टान्त से स्पष्ट है कि वचनबद्धता, उत्साह, जोश जीवन में सफलता की कुंजी हैं, लेकिन तभी तक, जब तक आप उत्साह की सीमा रेखा में रहकर ही कार्य करें–पूरी तरह शान्ति, सद्भाव तथा होश के साथ, वरना जितना लाभ जोश से नहीं होगा उससे अधिक नुकसान

आप होश खोकर कर लेंगे। अतएव जीवन में जैसी भी परिस्थिति हो– सरल से सरल या कठिन से कठिन, आप जोश तो बनाए रखें पर होश कतई न खोएँ, वरना बाद में सिवाय पछताने के कुछ हासिल नहीं होगा।

जोश के साथ धैर्य व विवेक भी उतने ही जरूरी हैं तथा विवेकपूर्ण जोश ही सफलता का सर्वोत्तम उपाय है।

अप्रिय स्थिति को टालने हेतु स्वयं राम ने आगे बढ़कर ऋषि से खेद व्यक्त किया तथा लक्ष्मण को छोटा समझकर माफ करने हेतु निवेदन किया। तब परशुराम ने प्रसन्न होकर विजयी होने का आशीर्वाद तक राम को दे दिया।

सार्थक हो संवाद
(Effective Communication)

जब आपके द्वारा निकली बात सीधे सामने वाले के दिल में उतर जाती है, यह आपसी विश्वास, प्रेम तथा सद्भावना की सूचक होती है तथा संवाद की सर्वोत्तम स्थिति है।

जीवन में संवाद एक-दूसरे के प्रति अपनी बात पहुँचाने का एक सशक्त माध्यम है। यह एक सेतु है जो न केवल एक-दूसरे को मिलाता है बल्कि आपस में जोड़कर भी रखता है। दो व्यक्तियों के बीच में संवादहीनता की स्थिति सबसे भयावह होती है। जब हम आपस में बात नहीं करते हैं तो मन के अन्दर एक दुष्चक्र चलता रहता है जो कालांतर में अनेक गलतफहमियों को जन्म देता है। आपने देखा होगा, बड़े-बड़े राष्ट्रों में भी आपसी दुश्मनी के बावजूद बात चलती रहती है। बात चलती रहने से आगे चलकर कुछ अच्छा हो सकने की सम्भावना बनी रहती है। अनेक मनमुटाव, झगड़े, पूर्वाग्रह बातचीत की मेज पर साथ बैठने से सुलझ जाते हैं। तब एक सकारात्मक मानसिकता बनने लगती है जो आगे चलकर 'कुछ तुम झुको, कुछ मैं' की तर्ज पर समस्या हल की दिशा में सहायक होती है।

इसलिए व्यक्तिगत या संस्थागत जीवन में संवाद की सार्थकता में हमारा विश्वास गहरा होना चाहिए। जैसे-जैसे जीवन में आप आगे बढ़ते हैं, आपसी लोगों के अनेक अवरोधों से आपका सामना होता है। उनमें उलझकर पथ से भटक जाने का जोखिम उठाने से तो अधिक अच्छा यही होगा आप एक आपसी संवाद द्वारा सम्भावनाओं के दरवाजे खुले रखें।

एक बात और। यहाँ याद रखनी चाहिए कि संवाद स्वस्थ तथा दो-तरफा होना चाहिए। अधिकांशतया हममें से हर एक अपनी बात कहने में जितना माहिर होता है उतना दूसरे की सुनने में नहीं। यह संवाद नहीं। संवादहीनता जैसा ही खतरनाक है। एक खतरा और है। कई बार बात संवाद तक सीमित न रहकर बहस तथा वाद-विवाद में परिणत हो जाती है और इस विवाद का अन्त झगड़े में होता है। बहस के दौरान बातचीत 3 प्रकार की होती है–

- **तर्क**
- **वितर्क**
- **कुतर्क**

तर्क

पहला तर्क यानी अपनी बात को अध्ययन तथा अनुभव के आधार पर बातचीत के दौरान प्रस्तुत करते हुए सामने वाले को समझाते हुए सहमति के द्वार तक लाकर बात को बनाना।

वितर्क

यह तर्क से आगे की कला है यानी तर्कपूर्ण बात को विज्ञानसम्मत तथ्यों सहित प्रस्तुत करने की कला, जिसमें सामनेवाले के समक्ष सहमत होने के अतिरिक्त कोई और विकल्प ही न बचे तथा वह स्वेच्छापूर्वक आपकी बात से सहमत हो जाए।

कुतर्क

कुतर्क यानी केवल अपनी बात पर डटे रहना, भले ही हम स्वयं जानते हों कि वह गलत है। थोपने की यह प्रवृत्ति न तो स्वस्थ है और न हितकारी।

उपरोक्त तथ्यों के मद्देनजर बात को समझकर शान्तिपूर्वक ढंग से संवाद कायम करते हुए बात को आगे बढ़ाना ही बुद्धिमानी का लक्षण है।

संवाद का अन्य पहलू भी है। जब आप सामनेवाले से बात करते हैं तो 3 प्रकार की स्थिति उभरती है।

दिल से दिल तक	**यानी**	**Heart to Heart**
दिल से दिमाग तक	**यानी**	**Heart to Brain**
दिल से बाहर तक	**यानी**	**Heart to Exit**

दिल से दिल तक (Communication)

यह वह स्थिति है जब आपके दिल से निकली बात सीधे सामनेवाले के दिल में उतर जाती है। यह आपसी विश्वास, प्रेम तथा सद्भावना की सूचक है तथा संवाद की सर्वोत्तम स्थिति है। कहा भी गया है दिल से निकली बात सच्ची होती है और उसे किसी पैरवी की जरूरत नहीं होती। लेकिन इसके लिए दोनों पक्षों के मन भी सच्चे तथा साफ-सुथरे होने चाहिए, तभी बात बनेगी। यह संवाद की सर्वोत्तम स्थिति है।

दिल से दिमाग तक (Information)

यह वह स्थिति है जब आपके दिल से निकली बात को सामनेवाला एकदम स्वीकार नहीं करता है बल्कि महज जानकारी के तौर पर स्वीकार करता है तथा फिर उसे दिमाग के तराजू पर तौलकर गुण-अवगुण के आधार पर फैसला करता है। यह संवाद की मध्यम स्थिति है। इसमें कोई बुराई भी नहीं। पहले की बात अच्छी व सच्ची हो सकती है पर सामनेवाले को उसके विश्लेषण का पूरा अधिकार है। हाँ, इसमें अन्तिम निर्णय तक पहुँचने में देर लग सकती है, पर अन्ततः बात बनने की पूरी सम्भावना रहती है।

दिल से बाहर तक (Dispute)

यह अनुचित स्थिति है। इसमें एक की बात के लिए दूसरा अपने दिल-दिमाग के दरवाजे बन्द रखता है। कुछ नहीं सुनना चाहता। यह

अप्रिय तथ्य आपसी कटुता को जन्म देता है तथा वाद-विवाद की स्थिति निर्मित हो जाती है। इसका परिणाम कभी सुखद नहीं होता। संवाद की सार्थकता के लिए इससे बचना अनिवार्य है।

आइए, अब छोटा-सा उदाहरण नकारात्मक से सकारात्मक संवाद का देखें। सीता स्वयंवर में राम ने शिव धनुष तोड़कर न केवल दूसरे राजाओं को लज्जित किया बल्कि शिव के अनन्य भक्त ऋषि परशुराम को भी क्रोध से भर दिया। उनके क्रोध के सामने मुनि वशिष्ठ व राम तो चुप रहे लेकिन लक्ष्मण संयम न बरत सके तथा वाद-विवाद में उलझ पड़े। अन्त में उस अप्रिय स्थिति को टालने हेतु स्वयं राम ने आगे बढ़कर ऋषि से खेद व्यक्त किया तथा लक्ष्मण को छोटा समझकर माफ करने हेतु निवेदन किया :

अति विनीत मृदु सीतल बानी
बोले राम जोरि जुग पानी
सुनहु नाथ तुम सहज सुजाना
बालक बचन करिअ नहिं काना

श्री रामचन्द्रजी दोनों हाथ जोड़कर अत्यन्त विनय के साथ कोमल और शीतल वाणी में बोले—हे नाथ! सुनिए, आप तो स्वभाव से ही सुजान हैं। आप बालक के वचन पर कान न कीजिए। उसे सुना-अनसुना कर दीजिए।

तब परशुराम ने प्रसन्न होकर राम को विजयी होने का आशीर्वाद तक दे दिया।

महाभारत के दौरान दुर्योधन व अर्जुन दोनों कृष्ण के पास सहायता हेतु पहुँचे। कृष्ण उस समय सो रहे थे सो दुर्योधन पहले पहुँचकर सिरहाने बैठ गया जबकि देर से पहुँचे अर्जुन पैरों के पास बैठे। कृष्ण का न्याय से वंचित किए गए अर्जुन के प्रति विशेष स्नेह था। अतएव चतुराईपूर्वक उन्होंने प्राथमिकता अर्जुन को इस आधार पर दी कि उनकी पहली दृष्टि पार्थ पर पड़ी थी न कि सिरहाने बैठे दुर्योधन पर, जो समय पूर्व पहुँचे थे। यह थी कृष्ण के संवाद की तीक्ष्ण धार। संवाद में बात को चतुराईपूर्वक

प्रस्तुत करना भी एक कला है, जिसकी आवश्यकता सामनेवाले के जिद्दी तथा अड़ियल होने पर पड़ती है।

ऐसे अनेक प्रसंगों से हमारा प्राचीन इतिहास भरा पड़ा है, जब एक पक्ष ने उदारता दिखाते हुए दूसरे पक्ष को उसकी गलती का एहसास कराते हुए बिगड़ी बात बना दी। अतः अपनी जिम्मेदारी निभाते हुए ऐसे ही सुखद परिणामकारी संवाद के सहभागी आप भी बनिए।

व्यक्तिगत या संस्थागत जीवन में संवाद की सार्थकता में हमारा विश्वास गहरा होना चाहिए। संवाद स्वस्थ तथा दोतरफा होना चाहिए। आपसी संवाद द्वारा सम्भावनाओं के दरवाजे खुले रखें।

गधे को समझ में आ गया कि लोग उसे कुएँ में बन्द कर रहे हैं और वह मर जाएगा। जब गदहे पर मिट्टी गिरती तो वह शरीर हिलाकर मिट्टी गिरा देता और उस पर अपने पैर रख देता। इस प्रकार वह स्टेप बाई स्टेप ऊपर आता रहा और अन्त में कुएँ से बाहर आ गया।

कठिनाई में ढूँढें राह

(Find Path through Adversities)

अतएव आप भी जीवन में कठिनाइयों से बिलकुल भी मत घबराइए। उनका स्वागत कीजिए। अन्ततः वे न केवल आपको तन-मन दोनों से शक्तिशाली बनाएँगी, बल्कि आपको आत्मविश्वास से सराबोर कर देंगी।

कठिनाई का स्वागत कीजिए। यह हमें ईश्वर द्वारा दिया गया एक अनुपम उपहार है। आसान, सरल तथा सपाट मार्ग पर तो सब चल लेते हैं, लेकिन जो मजा कठिन डगर पर चलने में है, वह साधारण मार्ग पर यात्रा करने में कहाँ! कठिन पलों में ही आप उससे पार पाने का जतन करते हैं। बुद्धि का सदुपयोग करते हैं। इससे न केवल आपका आत्मविश्वास बढ़ता है बल्कि आगे के लिए भी आपका दृष्टिकोण स्पष्ट हो जाता है।

साधारणतया आम आदमी कठिनाई के पलों में हिम्मत हार बैठता है तथा ईश्वर या किस्मत को दोष देने लगता है। यह कदापि उचित नहीं। असली पुरुषार्थ तो मुश्किलों पर विजय प्राप्त करने में है। जिसने सुविधाजनक मार्ग का रुख अपनाया, वह कहीं नहीं पहुँच पाया। मार्ग में भटक जाना उसकी नियति बन जाता है। वह परिस्थितियों का दास बनकर रह जाता है, जबकि वीर तथा पुरुषार्थी तो काल पर भी विजय प्राप्त कर लेता है।

राष्ट्रकवि मैथिलीशरण गुप्त ने इसकी सबसे सुन्दर व्याख्या की है जब रात की नीरवता के बीच राम-सीता की रक्षा का प्रण लेकर लक्ष्मण एक चट्टान पर बैठकर सोचते हुए यह कहते हैं :

यदि बाधाएँ मिलीं हमें तो
उन बाधाओं के ही साथ
जिनसे बाधा बोध न हो
वह सहन शक्ति भी आई हाथ

एक बार एक गधा काम करते-करते कुएँ में गिर गया। बाहर निकलने के लिए वह जोर-जोर से चिल्लाने लगा। सभी गाँव वाले एकत्रित हो गए और उन्होंने गधे को बाहर निकालने की बहुत कोशिश की, पर वह नाकाम रहे। किसी को समझ में नहीं आ रहा था कि उसे कैसे निकाला जाए।

अन्ततः गाँव वालों ने सोचा कि गधा तो बूढ़ा है ही, यदि मर भी गया तो ज्यादा नुकसान नहीं होगा, फिर इस सूखे कुएँ में पहले भी कई लोग गिर चुके हैं, इसलिए क्यों न कुएँ को मिट्टी डालकर बन्द कर दिया जाए।

सभी ने मिलकर उस कुएँ को भरने के लिए मिट्टी डालना शुरू कर दिया। जब गधे को समझ में आया कि लोग उस कुएँ को बन्द कर रहे हैं और वह मर जाएगा, तो बचने के लिए पहले तो वह बहुत जोर-जोर से चिल्लाया, लेकिन इस बात से कोई फायदा होता न दिखा तो उसने परिस्थितियों से निपटने का निर्णय लिया और शान्त हो गया।

जब कुएँ में उस पर मिट्टी गिरती, वह शरीर हिलाकर मिट्टी गिरा देता और उस पर अपने पैर रख देता। इस प्रकार वह स्टेप बाई स्टेप ऊपर आता रहा और अन्त में कुएँ से बाहर आ गया। यह देख गाँव वालों को आश्चर्य का ठिकाना न रहा।

इसी प्रकार हमारे जीवन में भी धूल-मिट्टी रूपी कठिनाइयाँ आती रहती हैं। हमें भी इन कठिन परिस्थितियों में राह बनाकर आगे बढ़ते जाना है।

जीवन में पाँच नियम हमेशा याद रखें :

1. कठिनाइयों से घबराएँ नहीं,

2. परिस्थितियों का सामना करना सीखें,

3. अपने को कमजोर न समझें,
4. शान्त रहें,
5. सरल जीवन जिएँ।

दृढ़ और मजबूत इरादे वाले व्यक्ति कठिन से कठिन समय में भी कामयाब होते हैं।

अतएव आप भी जीवन में कठिनाइयों से बिलकुल भी मत घबराइए। उनका स्वागत कीजिए। अन्ततः वे न केवल आपको तन-मन दोनों से शक्तिशाली बनाएँगी, बल्कि आपको आत्मविश्वास से सराबोर कर देंगी। आप एक ऐसे साहसी पुरुष बन जाएँगे जिसका व्यक्तित्व कठिनाइयों के पलों में और अधिक निखरेगा। लोग आपसे प्रेरणा प्राप्त करेंगे। आपके नेतृत्व में खुद को सौभाग्यशाली समझेंगे, उस कल्पवृक्ष के समान, जिसकी छाया व फल पाकर वे भी अपना मनोवांछित प्राप्त करेंगे।

साधारणतः आदमी कठिनाइयों के कारण अपनी हिम्मत हार बैठता है तथा भगवान और भाग्य को दोष देने लगता है। यह कदापि उचित नहीं। असली पुरुषार्थ तो कठिनाइयों पर विजय प्राप्त करने में है।

एक प्रसंग रहीम का है। उनकी गिनती अपने समय के सर्वाधिक उदार राजाओं में हुआ करती थी। वे दोनों हाथों से गरीबों, असहाय तथा जरूरतमन्द लोगों को दान दिया करते थे। लेकिन ऐसा करते समय उनके नेत्र सदा नीचे रहते थे।

देना सीखें, लेना नहीं
(Be a Giver, not a Taker)

नदी ने कहा—हमने देते रहने का व्रत लिया तो वही शीतलता तथा मिठास हमारे पानी में है। समुद्र लेता और जमा करता रहता है, इसी दुष्प्रवृत्ति ने उसे खारा बना दिया है।

प्रसिद्ध जैन संत आचार्य विद्यासागर जी महाराज के शब्दों में संसार के प्राणियों को मूलतः दो भागों में विभाजित किया जा सकता है। पहले वे, जिनका हाथ ऊपर या देने वाले की मुद्रा में होता है तथा दूसरे वे, जिनका हाथ फैला हुआ होता है यानी लेने वाले की मुद्रा में। दोनों का जीवन के प्रति दृष्टिकोण तो अलग है ही, साथ ही ध्येय में भी समानता नहीं। एक में जहाँ उदारता, प्रेम का भाव तथा धरती पर आगमन के अपने औचित्य को सार्थक करने की प्रतिबद्धता है वहीं दूसरे में स्वार्थ, लालच व खुदगर्जी का भाव है। तय आपको करना है कि आप अपनी कैसी छाप छोड़कर जाना चाहते हैं।

अपने चारों ओर देखिए। प्रकृति हमें कितना देती है। सूर्य हर दिन नई ऊर्जा लेकर आता है। चन्द्रमा शीतलता प्रदान करता है। धरती फल, फूल, अन्न उपजाती है। सृष्टि का सारा क्रम एकतरफा उदारतापूर्वक दाता का है। इस सन्दर्भ में मुझे प्रकृति के चितेरे सुप्रसिद्ध कवि सुमित्रा नन्दन पंत की कविता **धरती कितना देती है** की ये पंक्तियाँ आज भी अन्दर तक छूती हैं :

मैंने छुटपन में छुपकर पैसे बोए थे
सोचा था पैसों के पेड़ उगेंगे
रुपयों की माला खनकेगी
और मैं फूल फूलकर मोटा सेठ बनूँगा

उसी में आगे वर्णन है कि ऐसा कुछ नहीं हुआ। पर जो प्रकृति ने हमें दिया है, वह इससे भी अनूठा है, अद्‌भुत है। प्रकृति कितना कुछ हमें देती है! बालपन में पैसों के पेड़ों की बात कितनी छोटी सोच रखती थी, यह बात मुझे बहुत बाद में समझ में आई।

किसी ने नदी से पूछा—तुम्हारा पानी मीठा और समुद्र का खारा क्यों है?

नदी ने कहा—हमने देते रहने का व्रत लिया तो वही शीतलता तथा मिठास हमारे पानी में है। समुद्र लेता और जमा करता रहता है, इसी दुष्प्रवृत्ति ने उसे खारा बना दिया है।

सन्देश यह कि जीवन को मीठा बनाने के लिए पाने से ज्यादा देने का भाव मन में होना चाहिए। तभी और केवल तभी आपके उदार भाव की सुगन्ध आपके आसपास व्याप्त होगी।

इसी क्रम में एक प्रसंग रहीम का है। उनकी गिनती अपने समय के सर्वाधिक उदार राजाओं में हुआ करती थी। वे दोनों हाथों से गरीबों, असहाय तथा जरूरतमन्द लोगों को दान दिया करते थे। लेकिन ऐसा करते समय उनके नेत्र सदा नीचे रहते थे।

उनकी इस आदत पर एक सभासद ने एक दिन उनसे पूछा—महाराज, आप तो दान देते हैं फिर आपकी नजर नीची क्यों रहती है? नीची नजर तो पाने वाले की रहनी चाहिए।

इस पर रहीम ने जो बात कही, वह बड़ी सुन्दर तथा उदारता का अनुपम उदाहरण है। रहीम ने कहा :

देने वाला और है
जो देता दिन रैन
मैं भरम कैसे करूँ
या सों नीचे नैन

कवि रहीम की यह सोच एक समग्र जीवन दर्शन है। मैंने अपने कार्यकाल के दौरान ऐसे भी व्यक्तित्व देखे, जिन्होंने अपने द्वारा किए गए कार्यों का श्रेय अपने सहयोगियों को दिया। इसका एक चमत्कारिक परिणाम हुआ वह यह कि सब मन लगाकर न केवल और अधिक काम

करने लगे बल्कि एक ऐसी समूह भावना विकसित हुई, जो संस्था की स्थायी निधि बन गई।

यही तो नेतृत्व से अपेक्षित भी है कि उसका रोल दाता का रहे। वह पूरी उदारता तथा बड़े दिल के साथ सबको अपना सर्वश्रेष्ठ दे। उच्च पद पर जाकर उसे जो पाना था, पा लिया, अब उसे दिल बड़ा रखते हुए दूसरों के लिए कुछ करने तथा उन्हें देने की भावना को निर्मल मन से स्वीकार करना चाहिए।

याद रखिए, जितना हम अच्छी नीयत के साथ देते हैं, ईश्वर उससे दुगुना हमें लौटाता है। लेने की प्रवृत्ति अन्ततः हानिकारक रहती है। बड़ी सोच का जादू भी बड़ा ही होता है। देना उसी का एक अंग है। इससे न केवल आपके मान-सम्मान में बढ़ोतरी होती है बल्कि सफलता भी बिना शर्त आपके कदम चूमती है। आपका कार्य तो केवल दूसरों के लिए कुछ करना है। फल ऊपरवाले पर छोड़ दीजिए। वह समदर्शी है तथा हमसे अधिक हमारा भला समझता है। उसका सिद्धान्त यही कहता है कि–**बिन माँगे मोती मिले, माँगे मिले न भीख।** फिर क्यों याचक बनकर अपना स्वाभिमान खोते हैं? अतएव इसी पल से अपना रोल, कर्म तथा धर्म लेने से देनेवाले में बदल लीजिए। यही जीवन का सार है।

जितना हम अच्छी नीयत के साथ देते हैं, ईश्वर उससे दुगुना हमें लौटाता है। लेने की प्रवृत्ति अन्ततः हानिकारक होती है। देने से न केवल आपके मान-सम्मान में बढ़ोतरी होती है, बल्कि सफलता भी बिना शर्त आपके कदम चूमती है।

एक ओर जहाँ कोई भी घटना एकतरफा तथा ऊबाऊ नहीं रह पाती, वहीं दूसरी ओर सन्तुलन भी सुन्दर ढंग से बना रहता है। प्रकृति के क्रम का समय प्रबन्धन सुव्यवस्थित तथा सुचारु रूप से सतत चलता रहता है।

समय का सही प्रबन्धन
(Effective Time Management)

आपको सभी श्रेणी के मद्देनजर न केवल समय के सदुपयोग की कला आनी चाहिए बल्कि अधीनस्थों से काम लेने की कला का विशारद भी होना चाहिए।

समय के सन्दर्भ में प्रबन्धन की भाषा में एक बहुत सटीक कहावत मशहूर है और वह यह कि keep your monkey on your shoulder अर्थात् अपना बन्दर रख अपने कंधे पर। इसका सन्दर्भ इसी अध्याय में आगे चलकर खुद-ब-खुद स्पष्ट हो जाएगा, पर उससे पहले हम यह समझें कि समय प्रबन्धन वास्तविक अर्थों में है क्या?

किसी भी प्रबन्धन की पहली सीढ़ी है–समय प्रबन्धन। यह इसलिए कि समय की अवधि निश्चित है और वह हमें एक सीमा तक ही मिलता है–न तो उससे अधिक, न ही उससे कम। उसी निश्चित अवधि में हमें अपने सारे काम सुनियोजित तरीके से करने होते हैं।

समय प्रबन्धन के मामले में हमारे सामने सबसे बड़ा उदाहरण तो स्वयं प्रकृति का है, जो अपने हर काम को सुनियोजित तरीके से अंजाम देती है। रोज सुबह सूरज नियमित रूप से निकलता है। ऋतुएँ अपने क्रम के अनुसार ही आकर जाती हैं। वृक्ष पर फल मौसम के अनुरूप आते हैं। चन्द्रमा का आकार निश्चित अवधि में घटता-बढ़ता है। यही प्रकृति की विशेषता है। एक ओर जहाँ कोई भी घटना एकतरफा तथा ऊबाऊ नहीं रह पाती, वहीं दूसरी ओर सन्तुलन भी सुन्दर ढंग से बना रहता है। प्रकृति के क्रम का समय प्रबन्धन सुव्यवस्थित तथा सुचारु रूप से सतत चलता रहता है। यही उसके समय प्रबन्धन की विशेषता है।

कौशल एक दिन में तो पाया नहीं जा सकता, पर थोड़े से प्रयत्न तथा दिमाग की स्पष्टता (Clarity of Mind) से इसे बड़ी आसानी से पाया जा सकता है।

उपरोक्त वर्गीकरण के परिप्रेक्ष्य में आइए, अब हम तय करें कि कैसे समय की समस्याओं से निजात पाते हुए जीवन में आगे बढ़ें।

- बॉस पर आपका कोई बस नहीं। बस है तो सिर्फ इतना कि उनकी माँग और मंशा को समझते हुए निर्धारित अवधि में सौंपा गया काम पूरा कर सौंप दें। एक पुरानी कहावत के अनुसार बॉस से अधिक निकटता अथवा दूरी दोनों के अपने खतरे हैं। पहले के बारे में कहा गया है कि अधिक मीठे में भी कई बार कीड़े पड़ जाते हैं यानी अधिक निकटता ऐसी इच्छाएँ (Expectations) जगा देती है जिनका हर बार पूरा होना सम्भव नहीं होता और तब आपका हश्र उलटा हो जाता है। इसी तरह दूरी भी आपको बॉस से फल प्राप्ति के समय नेपथ्य यानी पर्दे के पीछे धकेल देती है।
- जहाँ तक सिस्टम की माँग का सवाल है, इसे आप बखूबी हल कर सकते हैं बशर्ते आपको विषय की जानकारी हो। इसके लिए काम की जानकारी और ज्ञान दोनों आवश्यक हैं और यह कोई बहुत कठिन काम है भी नहीं। अपनी जानकारी धीमे-धीमे बढ़ाइए। समय के साथ अनुभव तथा दक्षता दोनों प्राप्त हो जाती है, शर्त सिर्फ यही है कि आपकी लगन सच्ची हो।
- कुछ काम आप खुद करना चाहते हैं और यह तो खुशी की बात है, क्योंकि इस समय का प्रबन्धन बहुत आसान तथा सरल है। आपको समय को इस्तेमाल करने की भी छूट है कि इसे कहाँ और कैसे एडजस्ट किया जाए।
- जहाँ तक अधीनस्थों (Subordinates) का सवाल है, यही अधिक उचित होगा कि उनकी समस्याएँ आपके कंधों पर न सवार हो सकें। इसके लिए समस्या में उनके पार्टनर बन जाइए, उनकी मदद कीजिए, हौसला बढ़ाइए, तय करने की पूरी

छूट दीजिए, हार या असफलता का डर उनके मन से निकाल दीजिए। आखिरकार जीवन में हार कोई अन्तिम मुकाम तो है नहीं। जीत के बाद हार और हार के बाद जीत अवश्य आती है। हार भी एक प्रकार का हौसला ही देती है, क्योंकि तब आप हार से प्राप्त अनुभव के बाद और अधिक मजबूती, उत्साह तथा हौसले के साथ जीत के लिए भिड़ जाते हैं।

जीत उनको ही मिली
जो हार से जमकर लड़े हैं
हार के भय से डिगे जो
वो धराशायी पड़े हैं

उनसे उनका यह मौलिक अधिकर मत छीन लीजिए। उनकी समस्या अपने कंधों पर लेकर तो आप उन्हें कमजोर कर रहे होते हैं। हाँ, जहाँ जरूरी हो वहाँ अपनी राय, सुलझाने के तरीके बताते हुए पूरा मार्गदर्शन दीजिए।

समस्या को पहल (Initiative) के रूप में बदलकर लौटा दीजिए। इस तरह समस्या का बन्दर फिर होगा उनके कंधे पर।

इन उपायों पर आपके स्वतन्त्र समय (Discretionary Time) में भी वृद्धि होगी, जिसका आप रचनात्मक उपयोग कर सकते हैं।

याद रखिए, स्वतन्त्र समय अधीनस्थ समर्पित समय का विलोम अनुपाती (Inversely Proportional) है। जैसे-जैसे एक बढ़ता है, दूसरा घटता है तथा इसका उलटा। अतः जैसे ही आप अपना समय प्रबन्धन दुरुस्त करेंगे, आपका स्वतन्त्र समय बढ़ेगा।

$$\text{Discretionary Time} \; \frac{1}{\text{Subordinate Imposed Time}}$$

$$\text{स्वतन्त्र समय} \; \frac{1}{\text{अधीनस्थ समर्पित समय}}$$

खुद का ज्ञान बढ़ाना, अधीनस्थों के साथ रहते हुए टीम भावना बढ़ाना, आपकी जिम्मेदारी है। कई बार थोड़ी-सी हल्की-फुल्की गप्प भी

साथियों को आपके नजदीक लाती है। उनकी व्यक्तिगत समस्याओं में आपकी रुचि से उनका लगाव आपके प्रति बढ़ता है। वे आपके परिवार के सदस्य के समान हो जाते हैं। कार्यालय, शुष्क टेबिल-कुर्सीनामा माहौल एक जीवन्त फुटबॉल मैदान में परिवर्तित हो जाता है, जहाँ सब अपनी-अपनी पोजीशन पर पूरी चुस्ती तथा मुस्तैदी के साथ खेलते हुए गोल पर गोल दागते हुए अपनी टीम को विजयी बनाते हैं। यही तो है खेल भावना तथा समय प्रबन्धन का मूल मन्त्र।

समय होता बलवान है
मनुज नहीं बलवान
भील्लन लूटी गोपिका
वही अर्जुन वही बाण

प्रबन्धन की पहली सीढ़ी है समय का प्रबन्धन। समय की अवधि निश्चित होती है और वह हमें एक सीमा तक ही मिलती है, न तो उससे अधिक न उससे कम।

●●●